ABRÉGÉ

DE GÉOGRAPHIE

PHYSIQUE ET POLITIQUE

TROISIÈME PARTIE

ATLAS DE GÉOGRAPHIE

DRESSÉS SOUS LA DIRECTION

DE M. E. CORTAMBERT

ET RÉPONDANT A L'ABRÉGÉ DE GÉOGRAPHIE PHYSIQUE ET POLITIQUE
DU MÊME AUTEUR

CLASSE DE TROISIÈME.

Petit atlas de géographie moderne, composé de 12 cartes, nouvelle édition, gravée sur acier, grand in-8 ; prix, cartonné, 2 fr. 50 c.

CLASSE DE SECONDE.

Nouvel atlas de géographie moderne, contenant 40 cartes, 1 volume grand in-4 ; prix, cartonné, 7 fr. 50 c.

CLASSE DE RHÉTORIQUE.

Petit atlas de géographie moderne, augmenté d'une carte géologique de la France et d'une carte de la France divisée en bassins hydrographiques, avec la distribution des espèces animales, végétales et minérales ; prix, cartonné, 3 fr.

Ch. Lahure, imprimeur du Sénat et de la Cour de Cassation
(ancienne maison Crapelet), rue de Vaugirard, 9.

ABRÉGÉ
DE GÉOGRAPHIE
PHYSIQUE ET POLITIQUE

RÉDIGÉ

conformément aux derniers programmes de l'enseignement dans les lycées
et à ceux des baccalauréats ès lettres et ès sciences

PAR E. CORTAMBERT

TROISIÈME PARTIE

GÉOGRAPHIE PHYSIQUE ET POLITIQUE DE LA FRANCE

(COURS DE RHÉTORIQUE)

TROISIÈME ÉDITION

revue et corrigée

PARIS
LIBRAIRIE DE L. HACHETTE ET Cie
RUE PIERRE-SARRAZIN, N° 14
(Près de l'École de Médecine)

1854

ABRÉGÉ

DE GÉOGRAPHIE

PHYSIQUE ET POLITIQUE.

TROISIÈME PARTIE.

GÉOGRAPHIE PHYSIQUE ET POLITIQUE DE LA FRANCE.

CHAPITRE PREMIER.

LIMITES GÉNÉRALES, CÔTES.

Limites générales; latitudes et longitudes extrêmes; étendue. — La France est dans le partie occidentale de la région moyenne de l'Europe, et s'étend (sans la Corse) du 42e au 51e degré de latitude nord, et du 6e degré de longitude est au 7e degré de longitude ouest. Elle est bornée au nord par la mer du *Nord*, et par le *Pas de Calais*, qui la sépare de l'Angleterre; au nord-ouest, par la *Manche*, qui la sépare du même pays; à l'ouest, par l'*Atlantique proprement dit*, et par ce grand avancement de l'Océan qui pénètre entre la France et l'Espagne, et qu'on désigne par les noms de golfe de *Gascogne*, de mer de *France*, et de mer de *Biscaye* ou mer *Cantabrique;* au sud, par la *Bidassoa* et les *Pyrénées*, du côté de l'*Espagne*, et par la *Méditerranée*, qui forme le golfe du *Lion;* au nord-est, par la *Belgique* et par plusieurs pays *allemands*, c'est-à-dire le grand-duché de *Luxembourg*, la *Prusse rhénane* et la *Bavière rhénane*; à l'est, par un autre état *allemand*, le grand-duché de *Bade*, par la *Suisse*, enfin par les *États sardes*, c'est-à-dire la *Savoie* et les territoires *italiens* de *Piémont* et de *Nice*.

La France n'a pas, vers le nord-est, de limite naturelle, si ce n'est le cours de la petite rivière *Lauter*, vers la Bavière rhénane. A l'est, elle a le *Rhin*, vers le grand-duché de Bade ; le *Doubs* et le *Jura*, vers la Suisse, et le *Rhône*, le *Guiers*, les *Alpes* et le *Var*, du côté des États sardes. Elle présente à peu près la forme d'un hexagone, dont trois côtés, au nord-ouest, à l'ouest, au sud-est, sont baignés par la mer, et les trois autres sont bornés par la terre. Les sommets des angles de cet hexagone sont Dunkerque, au nord; la pointe Saint-Matthieu, au nord-ouest; l'embouchure de la Bidassoa, au sud-ouest ; le cap Cerbère, au sud ; l'embouchure du Var, au sud-est, et le confluent de la Lauter et du Rhin, à l'est.

On compte 980 kilomètres du nord au sud, depuis le voisinage de Dunkerque jusqu'au cap Cerbère ; 935 kilomètres de l'ouest à l'est, de la pointe Saint-Matthieu au confluent de la Lauter et du Rhin ; 1066 kilomètres du nord-ouest au sud-est, de la pointe Saint-Matthieu à l'embouchure du Var, et 988 kilomètres du nord-est au sud-ouest, du confluent de la Lauter et du Rhin à l'embouchure de la Bidassoa. La superficie de la France est de 527 690 kilomètres carrés.

Côtes, golfes, caps, îles, embouchures des fleuves, départements et villes principales du littoral. — Les côtes de France ont un développement de plus de 2200 kilomètres ; elles se dirigent d'abord du nord-est au sud-ouest, le long de la mer du Nord, du Pas de Calais et de la Manche, jusqu'à l'extrémité de la Bretagne ; elles tournent ensuite au sud-est, puis au sud, le long de l'Atlantique proprement dit et du golfe de Gascogne.

Elles offrent, au nord, des dunes mouvantes depuis

Dunkerque jusqu'au peu au delà de l'embouchure de la Somme, en dessinant une concavité qu'on désigne quelquefois sous le nom de baie de la *Somme*. On remarque dans cet intervalle le cap *Grisnez*, le point le plus rapproché de l'Angleterre. Elles forment ensuite des falaises hautes et escarpées, entre l'embouchure de la *Somme* et celle de la *Seine*, et offrent dans cet espace le cap d'*Antifer*, ainsi que celui de *La Hève*, qui s'avance à l'embouchure même de la Seine.

Depuis la Seine jusqu'à l'embouchure de la *Loire*, on trouve des côtes très-irrégulières, parsemées de presqu'îles, de caps avancés, de golfes, de baies, et formées généralement de hauts rochers de granit. On remarque d'abord le golfe de la *Seine* ou de *Normandie*, appelé quelquefois golfe du *Calvados*, puis la presqu'île du *Cotentin*, échancrée à l'est par la rade de *La Hougue*, et présentant au nord une sorte de croissant terminé au nord-est par le cap de *Gatteville* ou de *Barfleur*, au nord-ouest par celui de *La Hague*. A l'ouest de cette presqu'île, on trouve le golfe de *Saint-Malo* ou de *Bretagne*, qui se divise en deux enfoncements profonds : la rade de *Cancale* et l'anse de *Saint-Brieuc*. Il y a dans ce golfe un assez grand nombre d'îles, d'îlots et de récifs ; on y remarque principalement les îles *Anglo-Normandes* (*Jersey*, *Guernesey* et *Aurigny* ou *Alderney*) qui appartiennent à l'Angleterre. On y rencontre aussi le détroit nommé *Raz le Blanchart*, qui sépare Aurigny du Cotentin, et le passage de la *Déroute*, entre Jersey et la même presqu'île.

Le fond de la rade de Cancale, vers les embouchures de la *Sée* et de la *Sélune*, offre de vastes grèves que les marées couvrent et découvrent sur de grands espaces.

La *Bretagne* est une sorte de péninsule qui s'avance entre la Manche et la mer de France ; elle est terminée par les pointes *Saint-Matthieu*, du *Raz*, de *Penmarch*, et découpée à l'ouest par la rade de *Brest* et la baie de *Douarnenez*, entre lesquelles s'avance la presqu'île de *Crozon*, et par la baie d'*Audierne*, qui s'ouvre entre les pointes du Raz et de Penmarch ; au sud, elle présente le golfe du

Morbihan, à côté duquel s'avancent les petites presqu'îles de *Quiberon* et de *Rhuys*. Dans le voisinage de la Bretagne, on voit au nord les petites îles de *Bréhat* et de *Batz*; à l'ouest, l'île d'*Ouessant*, qui est la plus occidentale des terres de France et qui est accompagnée d'une suite d'îlots et de rochers prolongés jusque vers la pointe Saint-Matthieu; l'île de *Sein*, située en face de la pointe du Raz; au sud, les petites îles de *Glenans*, celle de *Groix*, *Belle-Ile* et les îles de *Houat* et de *Hédic*. Parmi les passages qui séparent ces diverses petites îles du continent, il faut distinguer le chenal de *La Helle* et le *Four*, entre le groupe d'Ouessant et la pointe Saint-Matthieu et le *Raz de Sein*, entre l'île de Sein et la pointe du Raz.

Au sud de l'embouchure de la Loire, jusqu'à la *Gironde*, la côte est basse et bordée de marais salants; on rencontre dans cette étendue la baie de *Bourgneuf*, les îles de *Noirmoutier*, d'*Yeu*, de *Ré*, d'*Oléron*, et la petite île d'*Aix*, qui donne son nom à une rade célèbre, placée en face de l'embouchure de la Charente. Le *Goulet de Fromantin* se trouve entre l'île de Noirmoutier et la côte du Poitou; le détroit connu sous le nom de *Pertuis Breton* sépare l'île de Ré du continent; le *Pertuis d'Antioche* sépare l'île d'Oléron de celle de Ré, et la passe de *Maumusson* est entre la pointe sud d'Oléron et la Saintonge.

Au sud de la Gironde, jusque vers l'embouchure de l'*Adour*, la côte est de nouveau couverte de dunes mouvantes; le pays est triste et désert, surtout aux environs de l'espèce de golfe qu'on nomme *Bassin d'Arcachon*; çà et là se présentent des lacs entourés de pâturages; les principaux sont les étangs de *Carcans*, de *La Canau*, de *Sanguinet* ou de *Cazau*, et de *Biscarosse*.

Entre l'Adour et la Bidassoa, la côte redevient élevée et reprend un caractère plus varié et moins aride.

Les côtes de la Méditerranée se dirigent généralement de l'ouest à l'est, en décrivant cependant d'abord une concavité qui forme le golfe du *Lion*. Elles offrent deux aspects principaux : à l'ouest, depuis les derniers escarpemonts des Pyrénées jusqu'un peu au delà des bouches du Rhône, autour du golfe du Lion, elles sont basses et parsemées de lacs, ou plutôt de lagunes, parmi lesquelles on remarque principalement les *étangs* de *Leucate*, de *Sigean*, de *Vendres*, de *Thau*, de *Maguelonne*, de *Mauguio*, de *Valcarès* et de *Berre*; à l'est, elles sont généralement élevées, très-variées et très-pittoresques, et l'on y voit beaucoup de caps, de baies, de rades et de petits golfes, comme la rade d'*Hyères*, les golfes de *Grimaud*, de *Fréjus*, de *Cannes* ou de *La Napoule*, le golfe de *Jouan*, célèbre par le débarquement de Napoléon à son retour de l'île d'Elbe en 1815; on y remarque aussi les petites presqu'îles de *Cépet* et de *Giens*, les trois îles d'*Hyères* (*Porquerolles*, *Portcros*, l'île du *Levant* ou du *Titan*) et les deux îles de *Lérins* (*Sainte-Marguerite* et *Saint-Honorat*).

A environ 150 kilomètres sud-est de la côte de France, se trouve la *Corse*, qui en dépend politiquement, mais qui fait physiquement partie de l'Italie.

Si l'on suit les départements du littoral et les ports qui sont situés ou sur la mer même, ou sur les fleuves qui s'y rendent, on remarque d'abord, vers cette partie de la côte qui est dirigée du N. E. au S. O., le département du Nord, avec l'important port de *Dunkerque*, et le petit port de *Gravelines*, à l'embouchure de l'Aa; — puis le département du Pas-de-Calais, avec les ports renommés de *Calais* et de *Boulogne*, le petit port d'*Étaples*, et *Montreuil-sur-Mer*, qui n'est pas sur la mer même, mais sur la Canche; — le département de la Somme, où *Saint-Valery-sur-Somme*, *Le Crotoy* et *Abbeville* se trouvent sur le cours inférieur de la rivière de ce nom; — le département de la Seine-Inférieure, avec *Le Tréport* et *Eu*, vers l'embouchure de la Brêle; *Dieppe*, à l'embouchure de l'Arques; *Saint-Valery-en-Caux*, *Fécamp*, *Le Havre*, à l'embouchure de la Seine, et *Rouen*, située sur ce fleuve, assez loin au-dessus de son embouchure, et cependant, au moyen de la marée, l'un des principaux ports maritimes de la France; — le département de l'Eure, qui, sans être baigné par la mer, peut être considéré comme maritime parce qu'il s'étend vers l'estuaire de la Seine, où il possède le petit port de *Quillebœuf*, et près duquel il a celui de *Pont-Audemer*, sur la Rille; — le département du Calvados, qui doit son nom à une chaîne de récifs placée près de sa côte, et où l'on remarque *Honfleur*, sur la Seine; *Caen*, sur l'Orne; *Bayeux*, à laquelle *Port-en-Bessin* sert de port; *Isigny*, à l'embouchure de la Vire; — le département de la Manche, qui comprend la presqu'île du Cotentin, et où se trouvent les villes maritimes de *Carentan*, à l'embouchure de la Douve; de *Saint-Wast-La-Hougue*, sur la belle rade de La Hougue; de *Cherbourg*, qui est l'un des plus beaux ports de France; de *Granville*, qui est une place importante, en face des îles Anglo-Normandes; de *Pontorson*, à l'embouchure du Couesnon; le département d'Ille-et-Vilaine, où l'on trouve *Cancale*; puis *Saint-Malo* et *Saint-Servan*, situées à l'embouchure de la Rance; — le département des Côtes-du-Nord, avec *Dinan*, sur la Rance; *Saint-Brieuc*, dont le port est *Le Leguë*, à l'embouchure du Gouet; *Tréguier*, et *Lannion*, sur le Guer.

A l'extrémité occidentale de la France, sur l'Atlantique, entre la Manche et le golfe de Gascogne, est le département du Finisterre, qui doit son nom à sa position à la *fin de la terre* française, et où sont les ports de *Morlaix*, de *Roscoff*, du *Conquet*, le plus occidental des ports de la côte continentale de France; de *Brest*, le premier port militaire de l'empire; de *Landernau*, vers l'embouchure de l'Élorn dans la rade de Brest; de *Châteaulin*, sur l'Aulne; de *Douarnenez;* de *Quimper*, sur l'Odet; de *Concarneau*; de *Quimperlé*, sur l'Ellé.

Le long du golfe de Gascogne, on remarque le département du Morbihan, avec les ports de *Lorient* et de *Port-Louis*, vers l'embouchure du Blavet; celui d'*Hennebon*, sur la même rivière; et ceux de *Quiberon*, d'*Auray* et de *Vannes*, vers le golfe du Morbihan; — le département de la Loire-Inférieure, dont les ports principaux sont: *Nantes*, sur la Loire; *Paimbœuf*, *Saint-Nazaire*, vers l'embouchure de la Loire ; *Le Croisic*, au nord de cette embouchure ; *Pornic* et *Bourgneuf*, au sud ; — le département de la VENDÉE, où l'on remarque, comme villes maritimes, *Noirmoutier*, dans l'île du même nom ; *Les Sables-d'Olonne*, et *Luçon*, qui est un port au moyen d'un canal ; — le département de la CHARENTE-INFÉRIEURE, avec les ports de *Marans*, sur la Sèvre niortaise ; de *La Rochelle* ; de *Rochefort*, sur la Charente ; de *Marennes*, vers l'embouchure de la Seudre, et ceux de *Saint-Martin-de-Ré* et de *La Flotte*, dans l'île de Ré ; — le département de la GIRONDE, avec les ports de *Bordeaux*, sur la Garonne ; de *Libourne*, sur la Dordogne ; de *Bourg-sur-Mer*, aussi sur la Dordogne ; de *Blaye* et de *Pauillac*, sur la Gironde ; et de *La Teste*, sur le Bassin d'Arcachon ; — le département des LANDES, où se trouve *Saint-Esprit*, vers l'embouchure de l'Adour ; — le département des BASSES-PYRÉNÉES, où l'on remarque *Bayonne*, aussi vers l'embouchure de l'Adour, et *Saint-Jean-de-Luz*, à l'embouchure de la Nivelle.

Le long de la Méditerranée, on rencontre de l'ouest à l'est, le département des PYRÉNÉES-ORIENTALES, avec *Port-Vendres* et *Collioure* ; — le département de l'AUDE, avec *La Nouvelle*, servant de port à *Narbonne* ; — le département de l'HÉRAULT, avec les ports d'*Agde* et de *Cette*, et *Montpellier*, peu éloignée de la côte, avec laquelle elle communique par la rivière canalisée du Lez ; — le département du GARD, qui n'a que le port d'*Aigues-Mortes*, communiquant avec la mer par un canal, et autrefois plus important ; — le département des BOUCHES-DU-RHÔNE, où l'on rencontre *Arles*, située sur le *Rhône*, et unie à la mer par un canal propre aux navires ; *Les Martigues* (dont le port s'appelle *port de Bouc*), *Marseille*, le premier port de la Méditerranée, et *La Ciotat* ; — le département du VAR, avec le grand port de *Toulon* ; *Hyères*, dont le port est *Salins d'Hyères* ; enfin les petites villes maritimes de *Saint-Tropez*, *Cannes* et *Antibes*.

Si maintenant nous examinons les défenses de ce long

développement de côtes, nous trouvons d'abord, sur la mer du Nord, la grande forteresse de *Dunkerque* et la petite place de *Gravelines ;* puis, sur le Pas de *Calais*, les villes fortes de *Calais* et de *Boulogne.* — Vers la Manche, de l'embouchure de la Canche et celle de la Seine, on rencontre les fortifications de *Montreuil*, d'*Abbeville*, le vieux château bastionné de *Dieppe*, la place importante du *Havre ;* et, en remontant assez avant dans l'intérieur du cours des tributaires de cette mer, *Hesdin*, sur la Canche ; *Doullens*, sur l'Authie ; la citadelle d'*Amiens*, sur la Somme ; enfin les fortifications de *Paris* et de *Saint-Denis*, qui s'élèvent au milieu même du bassin de la Seine. — De l'embouchure de la Seine au cap de La Hague, la côte de la Manche offre d'abord la faible place d'*Honfleur*, presque en face du Havre ; puis les rochers du Calvados, qui sont une protection naturelle du rivage ; la petite place de *Carentan*, au fond du golfe de la Seine ; le fort *Saint-Marcouf*, sur un des petits îlots du même nom ; le fort de *La Hougue* ou de *La Hogue*, et le fort *Tatihou*, sur la côte orientale du Cotentin ; les grands ouvrages de *Cherbourg*, et les forts de l'île *Pelée*, de *Querqueville*, d'*Omonville.* — De La Hague jusqu'à l'entrée de la Manche, la côte, menacée par le voisinage des îles Anglo-Normandes, a reçu un grand nombre d'ouvrages de défense : d'abord le fort de *Vanville*, à l'ouest du cap de La Hague ; puis la place de *Granville*, le château fort du *Mont-Saint-Michel*, au fond de la rade de Cancale, qu'on appelle quelquefois aussi baie du Mont-Saint-Michel ; le fort des *Rimains*, dans l'ouest de la même rade ; la précieuse place de *Saint-Malo*, accompagnée de celle de *Saint-Servan ;* le fort des *Sept-Iles*, celui du *Taureau*, enfin le fort *Cézon.*

A l'extrémité occidentale de la France, on remarque le château de l'île d'*Ouessant*, et, en avant de la rade de Brest, le fort de *Bertheaume ;* sur le goulet de la rade, des batteries imposantes et le fort *Mingan ;* puis les formidables ouvrages de *Brest* même.

De ce port à l'embouchure de la Loire, on rencontre la

la place de *Concarneau*; le fort *Cigogne*, sur le groupe des *Glenans*; la place considérable de *Lorient*, la petite place de *Port-Louis*, les fortifications de l'île de Groix et de *Belle-Ile*; le fort *Penthièvre*, sur la presqu'île de Quiberon; *Saint-Nazaire* qui, avec le fort de la *Ville-Martin* et le fort *Mindin*, commande l'embouchure de la Loire; l'intérieur du cours du fleuve est protégé par les châteaux de *Nantes*, d'*Angers*, de *Saumur*.

Entre la Loire et la Gironde, la côte, abordable sur beaucoup de points, est défendue par d'assez nombreux ouvrages : d'abord se présentent ceux de *Noirmoutier* et de l'île d'*Yeu*, ensuite ceux de l'île de *Ré* et de *La Rochelle*; mais c'est surtout vers l'embouchure de la Charente et autour de la rade d'Aix que se dressent des fortifications multipliées : les forts *Lupin*, *La Pointe* et quelques autres, qui protègent l'entrée de la rivière; la célèbre place de *Rochefort*, le fort de l'île d'*Aix*, les forts de l'île d'*Oléron*. Le fort *Royan* et la route de *Grave*, commandent l'entrée de la Gironde; la citadelle de *Blaye*, le fort *Médoc*, le fort *Pâté* (dans une île), s'élèvent sur le même fleuve, près de la jonction de la Garonne et de la Dordogne.

De la Gironde à l'Adour, la côte, sans découpure, sans abri, et d'un accès presque impossible, a rendu les fortifications inutiles; de l'Adour à la Bidassoa, on voit la place de *Bayonne*, celle de *Saint-Jean-de-Luz*, avec le fort *Socoa*, enfin le fort d'*Hendaye*, qui est le point fortifié le plus avancé vers l'Espagne.

Vers la Méditerranée, les défenses des côtes sont formées, sur la rive occidentale du golfe du Lion, par la place de *Port-Vendres*, le fort *Saint-Elme*, *Collioure*, la batterie de *La Nouvelle*, et, en s'avançant un peu dans l'intérieur, on trouve l'importante place de *Perpignan*, le fort de *Salces*, et les deux mauvaises places de *Narbonne* et de *Carcassonne*. Sur la rive septentrionale du golfe, on remarque le fort *Brescou* et *Agde*, vers l'embouchure de l'Hérault; puis *Cette*, bien fortifiée, avec le fort *Saint-Louis;* la citadelle de *Montpellier*, *Aigues-Mortes*, le fort *Peccais*. Ensuite, sur la rive nord-est, on voit *Bouc*, les forts qui défendent le port de *Marseille*, entre autres ceux des îles de *Pomègue*, de *Ratoneau*, du *Château d'If;* les petites places de *La Ciotat* et de *Bandols*.

Plus loin, on rencontre, hors du golfe, l'importante place de *Toulon*, les forts des îles d'*Hyères*, le fort *Brégançon*, qui s'élève sur la rade d'Hyères; *Saint-Tropez*, le fort *Sainte-Marguerite*, sur l'île de ce nom; enfin *Antibes* et le fort *Quarré*, qui avoisinent l'Italie.

A cette frontière, se rattache l'île de Corse, dont les côtes sont défendues par des fortifications nombreuses : entre autres, celles de *Saint-Flôrent*, de *Calvi*, au nord-ouest; d'*Ajaccio*, à l'ouest; de *Bonifacio*, au sud; de *Bastia* et de *Porto-Vecchio*, à l'est.

CHAPITRE II.

LIMITES DE TERRE.

Limite de Dunkerque à Wissembourg. — La France n'a, vers la Belgique, aucune frontière naturelle, si ce n'est, sur un faible espace, le cours de la Lys; cette frontière se dirige du nord-ouest au sud-est régulièrement; elle offre cependant un avancement assez marqué qui pénètre en Belgique vers l'endroit où la Meuse sort du territoire français.

Les départements qui touchent à la Belgique sont ceux du Nord, de l'Aîne (sur un très-court espace), des Ardennes, de la Meuse, et il se trouve aussi sur la limite de ce royaume une petite partie du département de la Moselle. La frontière est d'abord couverte (dans le département du nord) par des marais, et par des cours d'eau et des canaux qui lui sont parallèles, et qui, coupant le pays [illegible] tout sens, peuvent être avantageusement utilisés pour la défense ; mais, en général, elle est ouverte et facilement franchissable : aussi y a-t-on élevé de nombreuses places fortes, dont plusieurs ont été déjà signalées comme défenses des côtes ; on en compte jusqu'à quatre lignes : la première comprend *Dunkerque*, *Bergues*, *Lille*, *Condé*, [illegible], *Le Quénoy*, *Maubeuge*, *Givet*, *Mézières*, *Sedan*, *Montmédy*, *Longwy*. La seconde se compose de [illegible], *Arras*, *Saint-Omer*, *Aire*, *Béthune*, *Gravelines*, [illegible], *Bouchain*, *Cambrai*, *Landrecies*, *Avênes*, *Rocroi*, [illegible]. Dans la troisième se présentent *Boulogne*, *Bapaume*, *Guise* ; dans la quatrième, *Montreuil*, *Hesdin*, *Doullens*, *Péronne*, *Ham*, *La Fère*, *Laon*, *Vouziers*. Plus en arrière dans l'intérieur, sont *Abbeville*, *Amiens*, [illegible], *La Fère*, *Vitry*, et enfin *Paris*. Le point le plus faible de la frontière du côté de la Belgique est vers le département de l'Aisne et le nord-ouest du département des Ardennes, à l'endroit où la limite, coupant la vallée de l'Oise, laisse en dehors du territoire français une petite partie de cette vallée, et permet à l'ennemi d'entrer immédiatement dans le bassin de la Seine : c'est ce qu'on appelle la *trouée des Ardennes*. En 1789, cette trouée était couverte par les places de Philippeville et de Marienbourg, mais elles ont été enlevées à la France par les traités de 1815, et nous n'avons aujourd'hui, de ce côté, aucune place, ni en première, ni en seconde ligne.

La frontière, vers le grand-duché de Luxembourg, la Prusse et la Bavière rhénane, court de l'ouest-nord-ouest à l'est-sud-est ; elle est coupée par la Moselle et par la Sarre, et elle n'est naturelle que sur deux courts espaces : près de Sarreguemines, où elle est marquée par la Blies, affluent de la Sarre, et vers Wissembourg, où la Lauter la forme du côté de la Bavière. Les départements de la MOSELLE et du BAS-RHIN se trouvent sur cette limite ; ils y offrent, comme première ligne de places fortes, *Thionville*, *Sierck*, *Bitche*, *Wissembourg*, *Lauterbourg* ; une seconde ligne est formée par *Metz*, *Marsal*, *Phalsbourg*, *La Petite-Pierre* et *Haguenau*. Sur une troisième ligne, on ne voit que *Toul*. En général, cette frontière est faible : *Sarrelouis*, qui défendait la vallée de la Sarre, et *Landau*, qui protégeait la vallée du Rhin, dépendaient autrefois de la France, mais elles ont été livrées, en 1815, la première à la Prusse, la seconde à la Bavière. Heureusement que les rameaux des Vosges et des Ardennes orientales accidentent le pays et y offrent des obstacles naturels, et, si la Meuse est franchie, les montagnes de l'Argonne occidentale, ces *Thermopyles de la France*, offrent ensuite une bonne barrière.

Limite de Wissembourg à Bâle et de Bâle à Antibes. — Du confluent de la Lauter et du Rhin jusqu'à *Bâle*, la frontière va du nord au sud, en longeant les départements du Bas-Rhin et du Haut-Rhin, et elle est formée par le *Rhin*, qui sépare la France du grand-duché de Bade, en Allemagne. Ce fleuve offre une excellente barrière, soutenue par une belle ligne de places fortes, qui ont derrière elles les Vosges comme une seconde ligne stratégique : ces places fortes sont *Wissembourg* et *Lauterbourg*, qui servent aussi, comme nous avons vu, à la défense de la frontière nord-est; *Haguenau; Strasbourg*, notre première place de l'est; *Schlestadt; Neuf-Brisach*, admirablement fortifié par Vauban. Dans l'intérieur, pour protéger le col de Bussang, dans les Vosges, on a fortifié *Thann*.

La limite vers la Suisse court du nord-est au sud-ouest, depuis *Bâle* jusque près de *Genève*, en suivant les départements du Haut-Rhin, du Doubs, du Jura et de l'Ain; le *Doubs* et le mont *Jura*, la forment sur une assez grande étendue; cependant, entre le Rhin et le Doubs, à la hauteur d'*Altkirch*, de *Béfort* et de *Montbéliard*, et plus loin, entre un escarpement du Jura et Genève, vers *Gex*, la limite n'est pas naturelle. Dans la dernière de ces positions, le Jura couvre la frontière, qu'il longe de près; dans la première, la forteresse d'*Huningue* était autrefois une bonne protection; mais les traités de 1815 en ont exigé la destruction; de sorte que le col de Valdieu, [illegible] en deçà de la frontière, au point de séparation du système du Jura et du système des Vosges, reste ouvert à l'ennemi : c'est ce qu'on appelle la *trouée de Béfort*; pour défendre ce passage, on vient de fortifier considérablement Béfort, en deçà du col; les autres points fortifiés situés en première ligne vers la frontière suisse sont *Montbéliard*, *Blamont*, le château de *Joux*, *Les Rousses*, le fort *L'Écluse*; en seconde ligne, se présentent *Besançon*, *Salins*; en troisième ligne, *Auxonne Chalon-sur-Saône*, et *Langres*, position stratégique importante qui domine les vallées de la Marne, de la Seine et de la Meuse. La neutralité de la Suisse est censée couvrir aussi la France; mais cette république ne serait pas maîtresse de faire respecter son inviolabilité par l'Europe coalisée.

La frontière vers les États sardes, c'est-à-dire vers la Savoie, le Piémont et le territoire de Nice, se dirige généralement au sud-sud-est; le *Rhône*, le *Guiers*, affluent de ce fleuve, les *Alpes cottiennes*, les *Alpes maritimes* et enfin le cours inférieur du *Var* marquent cette limite, que coupent l'Isère et le cours supérieur du Var, et le long de laquelle sont les départements de l'Ain, de l'Isère, des Hautes-Alpes, des Basses-Alpes et du Var.

La meilleure partie de cette frontière est celle que forment les Alpes. On a élevé sur le Rhône, outre le fort *L'Écluse*, que nous avons déjà nommé, le fort des *Bancs* et la forteresse de *Pierre-Châtel;* à l'entrée de l'Isère, le fort *Barraux;* devant quelques-uns des passages principaux des Alpes, *Briançon*, *Queyras*, *Tournoux*, *Glaisolles*; *Colmars;* sur le Var, *Entrevaux*, et, près de son embouchure, le fort *Quarré* et *Antibes*, déjà signalés comme défense de la côte. Sur une seconde ligne, on rencontre les places importantes de *Lyon* et de *Grenoble*, *Mont-Dauphin*, *Embrun*, le fort *Saint-Vincent*, *Seyne;* en troisième ligne, *Sisteron*.

Limite de Port-Vendres à Bayonne.—Port-Vendres est près du cap *Cerbère*, qui marque l'extrémité méridionale du territoire français, et forme l'une des pointes orientales des Pyrénées. La limite vers l'Espagne commence en cet endroit, se dirige à l'ouest-nord-ouest en suivant les *Pyrénées*, et se termine au cours inférieur de la Bidassoa; vers le premier quart de cette étendue, elle abandonne un moment la crête des Pyrénées pour laisser en France la source de la Sègre, et, vers le milieu, elle l'abandonne un peu plus longtemps encore pour laisser en Espagne le cours supérieur de la Garonne. Les départements des PYRÉNÉES-ORIENTALES, de l'ARIÉGE, de la HAUTE-GARONNE, des HAUTES-PYRÉNÉES et des BASSES-PYRÉNÉES se trouvent le long de cette limite, qui est généralement très-bonne, car, vers l'extrémité orientale, où les Pyrénées s'abaissent, le Tech, la Tet et la Gly, ayant dans les plaines de nombreux canaux d'irrigation, forment avec les marais de la plage une bonne défense naturelle; et, à l'extrémité occidentale, où la frontière quitte la crête des Pyrénées, le cours de la Nivelle, celui de la Nive et celui de l'Adour sont bien disposés pour la défense; enfin le désert des Landes couvre admirablement Bordeaux.

La première ligne de places fortes, dans les Pyrénées orientales, se compose de *Port-Vendres*, du fort *Saint-Elme*, de *Collioure*, de *Bellegarde*, de *Fort-les-Bains*, de *Prats-de-Mollo*, de *Mont-Louis;* la seconde ligne, de *Perpignan*, très-importante place, de *Villefranche*, de *Salces*. Dans le Pyrénées centrales (correspondant au bassin de la Garonne), qui ne se franchissent qu'au moyen de sentiers étroits et impraticables aux armées, on n'a pas élevé de fortifications; dans les Pyrénées occidentales (correspondant aux bassins de l'Adour et de la Bidassoa), on a, comme première ligne de défense, *Portalet*, *Saint-Jean-Pied-de-Port*, le fort d'*Hendaye*, le fort *Socoa* et *Saint-Jean-de-Luz;* comme seconde ligne, *Lourdes*, *Oléron*, *Navarreins*, et la place très-importante de *Bayonne*, à laquelle se joint *Saint-Esprit;* en troisième ligne, on ne voit que *Dax*, faible place, qui ne garantit Bordeaux qu'à la faveur des Landes.

CHAPITRE III.

ASPECT GÉNÉRAL DU PAYS. — MONTAGNES.

Aspect général du pays. — La France est très-montagneuse vers ses frontières sud-est et sud-ouest, dans plusieurs de ses parties centrales qui avoisinent le midi, et dans quelques-unes de ses parties orientales; ailleurs, elle est plutôt plate que montueuse; le nord surtout offre de grandes plaines : celles de la *Flandre*, de l'*Artois*, de la *Picardie*, de la *Normandie*, de l'*Ile-de-France*, de l'*Orléanais septentrional*, de la *Champagne*; dans ces trois dernières provinces, on remarque particulièrement pour leur fécondité les plaines de la *Beauce* et de la *Brie*, qui, placées à l'est et à l'ouest de Paris, sont comme les mamelles nourricières de cette grande capitale; cependant quelques plaines de la Champagne sont crayeuses et arides; et dans la partie nord-est de ce pays s'élèvent les petites montagnes des *Ardennes*.

L'est de la France présente tout à la fois des plaines bien unies et très-fertiles, comme celle du *Rhin* et de la *Saône*, et des montagnes assez élevées, comme les *Vosges* et le *Jura*, qui sont revêtus de belles forêts : on y voit aussi la *Côte d'Or*, tapissée de riches vignobles sur son flanc oriental, et formée d'escarpements arides sur sa pente occidentale. Les plaines qui accompagnent la rive gauche de la Saône sont caractérisées par d'immenses prairies, qu'inonde cette rivière, et entre la Saône et le Rhône s'étendent les basses plaines de la *Bresse* et de la *Dombes*, parsemées d'innombrables étangs.

Le centre de la France s'élève sensiblement vers l'*Auvergne*, le *Limousin*, la *Marche*, le *Languedoc septentrional*, la *Guienne orientale*, et y forme comme un grand plateau, qui s'abaisse au nord vers les plaines de la *Loire*, au sud-ouest vers celles de la *Garonne*. Parmi les plaines de la Loire se distinguent les plaines monotones du *Berri*, les plaines sablonneuses et tristes de la *Sologne* et de la *Brenne*, remplies de marais et d'étangs; les magnifiques plaines de la *Touraine*, surnommées le *Jardin de la France*, et les plaines de l'*Anjou*, qui en sont la riante continuation.

A l'extrémité occidentale du pays, s'offrent les montagnes arides et les bruyères de la *Basse-Bretagne*, mais aussi les plaines fertiles de la *Vilaine*, de la *Loire inférieure*; un peu plus loin au sud, on voit cette partie féconde du Poitou qu'on appelle la *Plaine*, et cette autre qu'on nomme le *Marais*.

Le sud de la France offre un mélange de montagnes très-élevées, comme les *Pyrénées*, les *Cévennes méridionales*, les *Alpes*; — de vallées délicieuses, qui s'étendent au pied de ces montagnes, — de belles plaines, comme celles du *Languedoc méridional*, de la *Gascogne orientale*, de la *Guienne centrale;* — et de plaines stériles, comme les plaines des *Landes*, tristes solitudes couvertes de bruyères, de sables, de marais, entrecoupées de forêts de pins, de quelques étangs, et bordées de dunes mouvantes; telle est aussi la plaine de la *Crau*, sorte de désert situé entre le delta du Rhône et l'étang de Berre, et entièrement recouvert de galets. Ce désert est au milieu de la *Provence*, généralement riche cependant, et renommée par ses aspects variés et son doux climat.

Ligne de partage des eaux; grandes chaînes de montagnes; division de la France en versants et en bassins. — Des frontières de la Suisse à celles de l'Espagne, s'étend une chaîne de hauteurs formant une partie de la grande arête qui, depuis les monts Ourals jusqu'au détroit de Gibraltar, sépare l'Europe en deux versants principaux. La France est ainsi partagée elle-même en deux grands versants : celui qui est incliné vers la *Méditerranée*, et celui qui se penche vers l'*Atlantique* et ses divisions, c'est-à-dire la *mer du Nord*, la *Manche* et le *golfe de Gascogne*.

Cette grande ligne de partage des eaux, dirigée, en général, du nord-est au sud-ouest, ou plutôt présentant la forme d'une S, porte successivement les noms de *Jura*, de *Vosges méridionales*, de monts *Faucilles*, de *plateau de Langres*, de *Côte d'Or*, de *Cévennes*, de *Corbières occidentales* et de *Pyrénées*.

Six chaînes s'y rattachent du côté du versant de l'Atlantique.

Trois vont au nord : ce sont d'abord les *Vosges septentrionales*, puis la chaîne de l'*Argonne orientale* et des *Ardennes orientales*, et ensuite celle des montagnes de l'*Argonne occidentale* et des *Ardennes occidentales*, jointes aux collines de l'*Artois*. Cette troisième chaîne sépare le versant particulier de la mer du Nord de celui de la Manche, et se termine au cap *Grisnez*, sur le Pas de Calais; elle envoie à l'ouest un rameau formé des collines de la *Picardie* et du *pays de Caux*, et qui se prolonge jusqu'à l'embouchure de la Seine.

Trois chaînes vont à l'ouest : 1° la longue chaîne située sur la limite des versants de la Manche et de la mer de France, et composée des montagnes du *Morvan*, des collines du *Nivernais*, du plateau de la *Forêt d'Orléans*, des collines du *Perche* et de la *Basse-Normandie*, de la chaîne *Armoricaine*, comprenant les montagnes de *Menez* et d'*Arrée*; elle va se terminer à la pointe *Saint-Matthieu*, à l'extrémité de la Bretagne, et envoie deux rameaux remarquables; l'un au nord, formé des collines du *Cotentin* et se terminant au cap de *La Hague;* l'autre au sud-ouest, connu sous le nom de montagnes *Noires*, et aboutissant à la pointe de *Penmarch;* — 2° la chaîne des montagnes du *Velay* et des montagnes du *Forez;* — 3° la chaîne des montagnes de la *Margeride* et d'*Auvergne*, continuées par celles du *Limousin*, par les collines du *Poitou* et le plateau de *Gâtine;* cette chaîne projette au nord le rameau des montagnes de la *Marche*, et au sud-ouest celui des collines du *Périgord*.

Sur le versant de la Méditerranée, on ne remarque qu'une chaîne, mais la plus haute et la plus importante de toutes, celle des *Alpes méridionales*. Ce n'est pas en France, mais en Suisse, qu'elle se détache de l'arête principale du partage des eaux, et elle vient former la limite de notre pays sous les noms d'*Alpes cottiennes* et d'*Alpes maritimes*, en envoyant des rameaux nombreux dans tout le sud-est de la France.

Nous venons de voir que la France est partagée en deux grands versants, et que celui de l'Atlantique est lui-même divisé en trois versants. Le versant de la mer du Nord est à son tour subdivisé en trois bassins de fleuves : le bassin du *Rhin*, y compris le bassin de la *Moselle*, qui est séparé du fleuve par les Vosges septentrionales; — le bassin de la *Meuse*, séparé du précédent par les Ardennes orientales et la chaîne de l'Argonne orientale ; — enfin le bassin de l'*Escaut*, qui n'est limité vers celui de la Meuse que par des hauteurs peu remarquables. Il s'y trouve encore, au nord, les bassins des petites rivières *Yser* et *Aa*, tributaires directs de la mer du Nord.

Le versant de la Manche ne comprend qu'un bassin considérable, celui de la *Seine*; on y remarque aussi les petits bassins de la *Canche*, de la *Somme*, de la *Touques*, de la *Dives*, de l'*Orne*, de la *Vire*, de la *Douve*, de la *Sée*, de la *Sélune*, du *Couesnon*, de la *Rance*, du *Gouet*, du *Trieuc*.

Le versant de l'Atlantique proprement dit et de la mer de France renferme les deux grands bassins de la *Loire* et de la *Gironde* (*Garonne*), séparés l'un de l'autre par les hauteurs de l'Auvergne, du Limousin et du Poitou, et il s'y trouve, en outre, les petits bassins de l'*Elorn*, de l'*Aulne*, de l'*Odet*, de l'*Ellé*, du *Blavet*, de la *Vilaine*, du *Lay*, de la *Sèvre niortaise*, de la *Charente*, de la *Seudre*, de la *Leyre*, de l'*Adour* et de la *Bidassoa*.

Le versant de la Méditerranée comprend le grand bassin du *Rhône* et les petits bassins du *Tech*, de la *Tet*, de la *Gly*, de l'*Aude*, de l'*Orb*, de l'*Hérault*, de l'*Argens* et du *Var*.

Description particulière des Alpes et des Pyrénées.
Les ALPES FRANÇAISES vont du nord au sud, sont tout entières comprises entre le bassin du Rhône et le bassin du Pô, et se composent de la partie méridionale des *Alpes Cottiennes* et de la partie nord-ouest des *Alpes Maritimes*.

Les premières s'appellent ainsi à cause du roi *Cottius*, qui gouvernait un petit territoire sous les premiers empereurs romains; elles commencent en Italie, au mont *Cenis*, et se terminent au mont *Viso*; elles présentent, sur la frontière de la France, et sur leur crête même, le mont *Genèvre*, où l'on croit généralement qu'Annibal passa les Alpes. Elles envoient dans les départements des Hautes-Alpes, de l'Isère, de la Drôme et de Vaucluse, de nombreuses branches, dont la plus remarquable est celle qui, se détachant de l'arête principale au mont *Tabor*, et parcourant les départements des Hautes-Alpes et de Vaucluse, sépare le bassin de la Durance de ceux de l'Isère et de la Drôme; et offre d'abord le pic des *Ecrins* ou des *Arsines*, le mont *Olan*, le *Grand-Pelvoux*, enfin les monts *Ventoux* et *Léberon*.

Les Alpes Maritimes, ainsi nommées de ce que ce sont les Alpes les plus voisines de la mer, s'étendent du mont *Viso* jusqu'au col de *Tende*, ou, suivant quelques géographes, jusqu'au col d'*Altare*, en Italie, pour se joindre aux Apennins, et quittent la frontière de France vers la source du Var; elles envoient des branches dans les départements des Basses-Alpes et du Var; la plus remarquable de ces branches sépare le bassin de la Durance de ceux du Var et de l'Argens, et prend le nom de montagnes d'*Esterel*; elle envoie près de la mer un rameau connu sous le nom de montagnes des *Maures*, et un autre, appelé les *Alpines*, entre la Durance et l'étang de Berre.

Les Alpes françaises sont moins élevées que les Alpes italiennes et suisses, où l'on voit le mont Blanc, haut de 4810 mètres, et le mont Rosa, haut de 4636 mètres; elles ont pour points culminants le mont *Olan* (4200 mètres), le pic des *Ecrins* ou des *Arsines*, d'une altitude de 4105 mètres, et le *Grand Pelvoux* (3934 mètres). Le mont *Viso* a 3838 mètres, et le mont *Genèvre*, 3592 mètres.

Les Alpes sont les plus élancées et les plus aiguës des montagnes de France ; elles offrent les paysages les plus grandioses et les plus pittoresques ; leurs sommets irréguliers et pointus prennent souvent le nom de dents, de cornes, d'aiguilles. Des neiges éternelles les couvrent généralement à partir de l'altitude de 2900 mètres, la limite de la culture du froment y varie entre 1250 et 1350 mètres ; les chênes y cessent à 900 mètres ; le sapin et le mélèze, vers 1800 ; le bouleau, vers 2000, et le pin vers 2100.

Le principal col qui coupe la chaîne entre la France et l'Italie est celui du mont *Genèvre*, qui unit la vallée de la Durance à la vallée de la Doire Ripaire, et se trouve sur la route de Briançon à Turin. Il faut aussi remarquer le col d'*Abriès*, sur la route de Queyras à Pignerol; le col d'*Agnello*, situé sur le versant méridional du mont Viso; le col de *L'Argentière*, sur la route de Barcelonette à Coni; le passage des *Échelles*, qui se trouve dans une branche des Alpes, entre le département de l'Isère et la Savoie.

Les Pyrénées s'étendent de l'est-sud-est à l'ouest-nord-ouest, entre la France et l'Espagne, depuis le cap Cerbère jusque vers la source de la Bidassoa, où commencent les monts Cantabres, continuation immédiate des Pyrénées; elles offrent une longueur de 400 kilomètres, et forment, dans presque toute leur étendue, la limite entre le versant de l'Atlantique et le versant de la Méditerranée; elles envoient au premier la Garonne, l'Adour, la Bidassoa, et au second un grand nombre d'affluents de l'Èbre, comme l'Aragon, le Gallego, la Sègre.

On donne le nom particulier de *Pyrénées orientales* à la partie de la chaîne qui n'est pas sur la limite du partage des eaux tributaires de l'Atlantique et de la Méditerranée, mais qui se trouve tout entière sur le versant de la Méditerranée, entre les bassins de l'Aude, de la

Tet et du Tech, au nord, et les bassins de la Sègre, du Llobregat et du Ter, au sud, sur le territoire espagnol. La portion la plus avancée à l'est de cette fraction des Pyrénées se nomme monts *Albères.*

Les Pyrénées ne projettent pas autant de branches considérables que les Alpes. Les plus remarquables qu'elles envoient vers la France sont celle des montagnes de *Bigorre*, continuées par les collines de l'*Armagnac*, entre les bassins de l'Adour et de la Garonne; puis celle des monts *Corbières*, dont une partie, les *Corbières occidentales*, va se joindre aux montagnes Noires, et, par suite, aux Cévennes; l'autre, formant les *Corbières orientales*, s'avance entre les bassins de la Tet et de l'Aude. Le Canigou est une autre branche, courte, mais très-élevée, qui se présente dans la partie la plus orientale, entre les bassins de la Tet et du Tech. Une branche un peu plus étendue s'échappe de l'extrémité occidentale, et va au nord-ouest, entre la Bidassoa et la Nive, sous le nom de montagnes de la *Basse-Navarre.*

Ce n'est pas sur la ligne même du partage des eaux que sont les plus hauts sommets des Pyrénées, mais un peu au sud de cette ligne; les trois sommets les plus élevés, tous en Espagne, sont le mont *Maladetta* ou *Maudit* (ayant pour point culminant est le pic de *Nethou*, haut de 3482 mètres), le pic *Posets* et le mont *Perdu*; — on remarque du côté de la France le *pic du Midi de Bagnères*, le *pic du Midi de Pau*, le *pic Long*, les *Tours de Marboré* ou le *Cylindre*, le *Taillon*, le *mont Vignemale*, qui ont de 3000 à 3300 mètres d'altitude; et le pic de *Carlitte*, au nœud où commencent les Corbières.

Les Pyrénées sont généralement plus escarpées du côté de l'Espagne que du côté de la France. Elles offrent des pics coniques, moins élancés que les sommets des Alpes. A leurs pieds s'étendent de magnifiques vallées, comme celles de Campan, d'Argelès, d'Aure, etc.; elles abondent en points de vue pittoresques et sont riches en eaux minérales, en carrières de marbre, en mines de fer, de cuivre, de plomb; plusieurs rivières qui en descendent, entre autres l'Ariége et le Salat, roulent des paillettes d'or. Le chêne y monte jusqu'à 1600 mètres ; le hêtre, jusqu'à 1800 ; le sapin et l'if, jusqu'à 2000 ; le pin, un peu au delà de 2300.

Les cols ou passages des Pyrénées portent généralement le nom de *ports* ; les principaux sont, en commençant par l'ouest : celui de *Saint-Jean-Pied-de-Port* ou d'*Ibagnetta*, sur la route de Bayonne à Pampelune ; celui de *Canfranc*, entre Portalet et Jaca ; celui de *Cauterets*, le port de *Gavarnie*, la *Brèche de Roland* (vers les tours de Marboré), le port d'*Oo* (3000 mètres d'altitude), au sud de Bagnères-de-Luchon ; le port de *Vénasque*, le port de *La Perche*, entre Mont-Louis et Puycerda ; le port d'*Arrès*, entre Prats-de-Mollo et Campredon, et le port de *Pertus*, entre Bellegarde et Figuières.

Principaux sommets des chaînes secondaires. Les plus hautes montagnes françaises, après les Alpes et les Pyrénées, sont celles d'AUVERGNE, presque toutes de nature volcanique, terminées à leur sommet par des cratères encore évidents, mais éteints, et alignées du nord au sud, au cœur même de la France, entre le bassin de l'Allier et celui de la Dordogne ; on désigne généralement leurs sommets sous le nom de *Puys*. Les principaux sont : le *Plomb du Cantal*, de 1935 mètres d'altitude ; le mont *Dore*, dont le point culminant est le *Puy de Sancy* (1897m.) ; le *Puy de Dôme* (1476 m.), qui est dans un rameau un peu écarté de l'arête principale des montagnes d'Auvergne, et avancé entre l'Allier et la Sioule, son affluent.

Les CÉVENNES occupent le long espace qui s'étend du nord-est au sud-ouest, entre les deux dépressions où passent, d'un côté, le canal du Centre, et, de l'autre, le canal du Midi ; elles prennent les noms particuliers de montagnes du *Charollais*, montagnes du *Beaujolais*, montagnes du *Lyonnais*, montagnes du *Vivarais*, montagnes du *Gévaudan*, monts *Garrigues*, monts de l'*Espinous* et montagnes *Noires* ; leurs parties les plus hautes sont les montagnes du *Vivarais* et du *Gévaudan*, qui s'étendent entre le bassin du Rhône et les sources de la Loire, de l'Allier et du Tarn; les points culminants y sont le *Mézen* (1774 m.), le *Gerbier des Joncs* (1562 m.) et la *Lozère* (1490 m.). Le mont *Pilat*, le point principal des montagnes du Lyonnais, a 1072 mètres. De la chaîne du Lyonnais, au nord du mont *Pilat*, se sépare un petit rameau qui s'avance près de Lyon, sous le nom de mont *d'Or*.

Le Jura se dirige du nord-est au sud-ouest, et se compose de plusieurs massifs parallèles et très-réguliers; sa partie septentrionale est en Suisse, sa partie moyenne est sur la limite de la Suisse et de la France, et sa partie méridionale est entièrement en France. Dans ses deux premières divisions, il sépare le bassin du Rhin de celui du Rhône; mais, dans le sud, il se trouve complétement dans le bassin du Rhône, et s'avance entre ce fleuve et l'Ain, son affluent. Les plus hautes sommités du Jura sont le *Grand Crédo*, le *Reculet*, le *Colombier*, la *Dole*, qui ont environ 1700 mètres d'altitude.

Les Vosges s'étendent du sud au nord, dans le nord-est de la France; elles commencent à la source de la Moselle, séparent cette rivière du Rhin, et s'avancent jusqu'en Allemagne. Elle sont généralement arrondies; et voilà pourquoi plusieurs de leurs sommets ont reçu le nom de *Ballons*. Les plus élevés sont le *Ballon de Guebwiller* (1429 m.) et le *Ballon d'Alsace* (1250 m.), situés à l'extrémité sud de la chaîne, sur la limite des bassins de la Moselle, de la Saône et de l'Ill (affluent du Rhin). On remarque aussi le mont *Donon*.

La Corse est traversée du nord au sud par une chaîne de hautes montagnes, dont les points principaux sont le *monte Rotondo*, le *monte Grosso* et le *monte d'Oro*, élevés d'environ 2700 mètres.

CHAPITRE IV.

BASSINS DE FLEUVES. — DÉPARTEMENTS ET VILLES PRINCIPALES DES VERSANTS DE LA MER DU NORD ET DE LA MANCHE.

Bassins du Rhin, de la Meuse et de l'Escaut; leur ceinture; affluents des fleuves; navigation; départements et villes principales arrosés par les cours d'eau de chaque bassin. — Le *Rhin*, le plus grand des tributaires de la mer du Nord, ne fait que toucher la France, en la séparant du grand-duché de Bade; il coule rapidement du sud au nord, forme beaucoup d'îles et inonde quelquefois au loin les vastes plaines qui l'avoisinent. Le ***bassin du Rhin*** est, sur le territoire français, limité à l'ouest par les chaînes de l'Argonne orientale et des Ardennes orientales, au sud-ouest par les monts Faucilles, les Vosges méridionales et les hauteurs qui joignent les Vosges au Jura. C'est à la frontière de France que commence la navigation de ce fleuve sur une grande échelle.

Il reçoit à gauche l'*Ill*, qui est navigable, la *Moder*, la *Lauter* et la *Moselle*, rivière considérable et navigable, qui se joint au Rhin en Allemagne; la Moselle se grossit de la *Meurthe*, de la *Seille* et de la *Sarre*, rivière qui n'a en France que son cours supérieur. A son bassin appartiennent les lacs de *Gérardmer*, de *Longemer* et de *Tournemer*, placés au pied des Vosges, et qui s'écoulent par la *Valogne*, affluent de droite de la Moselle. L'étang de *Lindre*, un des plus grands de la France, est à la source de la Seille. Le lac des *Rousses*, formé au pied du Jura par l'Orbe, tributaire du lac de Neuchâtel, dépend aussi du bassin de ce fleuve.

Cinq départements appartiennent au bassin général du Rhin; deux sont dans le bassin particulier du Rhin : le HAUT-RHIN et le BAS-RHIN. On trouve dans le premier, en suivant le cours de l'Ill, *Altkirch*, *Mulhouse* et *Colmar*; dans le second, en suivant la même rivière, *Schlestadt* et *Strasbourg*. — Dans le bassin de la Moselle, sont trois départements : ceux des Vosges, de la Meurthe et de la Moselle. Le long de cette rivière, on rencontre *Remiremont* et *Épinal*, dans le premier de ces départements; *Toul* et *Pont-à-Mousson*, dans le second; *Metz* et *Thionville*, dans le troisième. — *Lunéville* et *Nancy* sont vers la Meurthe, dans le département de ce nom; — *Sarrebourg*, dans le même département, et *Sarreguemines*, dans celui de la Moselle, sont sur la Sarre.

Le ***bassin de la Meuse*** est très-étroit, et s'allonge entre les deux chaînes de l'Argonne et des Ardennes orientales et occidentales; il est limité au sud par les monts Faucilles et par le plateau de Langres, où la Meuse prend sa source. Ce fleuve coule du sud au nord, en traversant d'abord une petite partie des départements de la Haute-Marne et des Vosges, puis le département de la Meuse dans toute sa longueur et le département des Ardennes. Il entre dans la Belgique près de Givet, pour aller se jeter dans la mer du Nord, en Hollande. Il reçoit à droite le *Chiers* et la *Semoy*, deux affluents peu considérables; en Belgique, il reçoit, à gauche, la *Sambre*, dont la source est en France.

On peut considérer comme appartenant au bassin de la Meuse les départements de la Meuse et des Ardennes, quoique la disposition étroite de ce bassin laisse en dehors une grande partie de ces deux départements. *Neufchâteau*, dans le département des Vosges; *Vaucouleurs*, *Commercy*, *Saint-Mihiel*, *Verdun*, dans le département de la Meuse; *Sedan*, *Mézières*, *Charleville*, *Givet*, dans le département des Ardennes, sont les villes principales que la Meuse arrose en France; elle devient navigable près de Verdun; la Sambre est navigable aussi; elle passe à *Landrecies* et à *Maubeuge* (Nord); le Chiers baigne *Montmédy* (Meuse).

Le ***bassin de l'Escaut*** occupe vers l'extrémité nord de la

France un espace un peu étendu, qu'enveloppent des hauteurs peu considérables. Ce fleuve prend sa source dans le département de l'Aîne, coule au nord, et arrose le département du nord, où il passe à *Cambrai*, à *Valenciennes* et à *Condé*. Il entre ensuite en Belgique et va se jeter dans la mer du Nord, en Hollande. Ses principaux affluents sont, à gauche, la *Scarpe* et la *Lys*, qui reçoit elle-même la *Deule*; toutes ces rivières sont navigables. — *Arras* et *Douai* sont sur la Scarpe; *Aire* et *Armentières*, sur la Lys; *Lille*, sur la Deule.

Deux départements appartiennent en grande partie au bassin de l'Escaut : le département du Nord, et le département du Pas-de-Calais, qui renferme le cours supérieur de la Scarpe et de la Lys.

Au bassin de l'Escaut on peut joindre les deux petits bassins de l'*Yser*, qui va se jeter dans la mer du Nord en Belgique, et de l'*Aa*, qui passe à Saint-Omer, et se jette dans cette mer à Gravelines.

Bassins de la Somme et de la Seine. — Le ***bassin de la Somme*** est le premier de ceux qu'on trouve sur le versant de la Manche; il n'est enveloppé que de faibles hauteurs. La *Somme* prend sa source dans le département de l'Aîne, coule à l'ouest et se jette dans la Manche près de *Saint-Valery*, après avoir baigné *Saint-Quentin*, *Ham*, *Péronne*, *Amiens* et *Abbeville*. Le département de la Somme comprend à peu près tout ce bassin, auquel on peut rattacher les petits bassins de la *Canche*, de l'*Authie*, de la *Brêle* et de l'*Arques*.

Le ***bassin de la Seine***, le plus grand de ceux du versant de la Manche, occupe le nord-ouest de la France; il est entouré, à l'est et au nord-est, par les montagnes de l'Argonne occidentale et des Ardennes occidentales; au sud-est, par le plateau de Langres et la Côte-d'Or; au sud, par les montagnes du Morvan, les collines du Nivernais et le plateau de la forêt d'Orléans; au nord, par les collines de la Picardie et du pays de Caux.

La *Seine* prend sa source dans la Côte-d'Or, près de

Chanceaux, coule au nord-ouest, et se jette dans la Manche par une large embouchure, en face du Havre, après un cours de 780 kilomètres, très-sinueux dans sa moitié inférieure. Elle reçoit, à droite, l'*Aube*, la *Marne*, grossie de l'*Ornain*, du *Petit* et du *Grand Morin* et de l'*Ourcq*, et l'*Oise*, grossie de l'*Aine*, qui reçoit elle-même l'*Aire* et la *Vele*; — à gauche, l'*Yonne*, grossie de l'*Armançon*, le *Loing*, l'*Essonne* et l'*Eure*.

La Seine arrose une partie du département de la Côte-d'Or. Mais les départements qui appartiennent plus complétement à son bassin sont : sur le cours même du fleuve, les départements de l'Aube, de Seine-et-Marne, de la Seine, de Seine-et-Oise, de l'Eure et de la Seine-Inférieure; — sur les affluents de droite, les départements de la Haute-Marne, de la Marne, de l'Aine et de l'Oise; — sur les affluents de gauche, les départements de l'Yonne et d'Eure-et-Loir.

Les villes qu'arrose la Seine sont : *Châtillon-sur-Seine*, dans la Côte-d'Or; *Bar-sur-Seine*, *Troyes*, *Nogent-sur-Seine*, dans l'Aube; *Montereau*, *Melun*, dans Seine-et-Marne; *Corbeil*, *Saint-Germain*, *Mantes*, dans Seine-et-Oise; *Paris*, *Saint-Denis*, dans le département de la Seine; *Vernon*, *Les Andelys*, dans l'Eure; *Elbeuf*, *Rouen*, *Le Havre*, dans la Seine-Inférieure; *Honfleur*, dans le Calvados. — L'Aube passe, dans le département du même nom, à *Clairvaux*, à *Bar-sur-Aube*, à *Brienne-le-Château*, à *Arcis-sur-Aube*.

La Marne passe à *Langres*, à *Chaumont*, à *Saint-Dizier*, dans la Haute-Marne; à *Vitry-le-François*, à *Châlons*, à *Épernay*, dans le département de la Marne; à *Château-Thierry*, dans le département de l'Aine; à *Meaux*, dans Seine-et-Marne.

L'Oise baigne *Guise*, *La Fère*, *Chauny*, dans le département de l'Aine; *Noyon*, *Compiègne*, *Creil*, dans le département de l'Oise; *Pontoise*, dans Seine-et-Oise.

L'Aine arrose *Vouziers* et *Rethel*, dans les Ardennes, *Soissons*, dans le département de l'Aine; *Compiègne*, dans le département de l'Oise, est à son confluent avec l'Oise;

et *Reims*, dans le département de la Marne, est sur la Vêle.

L'Yonne baigne *Château-Chinon* et *Clamecy* (Nièvre), *Auxerre*, *Joigny* et *Sens* (Yonne) et se jette dans la Seine à *Montereau* (Seine-et-Marne).

L'Eure passe à *Chartres* (Eure-et-Loir), et à *Louviers* (Eure).

La Seine devient navigable à Méry, entre Troyes et Nogent; la marée la remonte jusqu'à Rouen, et y forme une *barre* remarquable. La navigation de l'Yonne commence un peu au-dessus d'Auxerre; celle de la Marne, à Saint-Dizier. Les autres affluents cités sont navigables aussi, excepté le Loing, dont un canal longe le cours.

Bassins de la Touques, de l'Orne, de la Vire, de la Douve, de la Rance et d'autres petits tributaires de la Manche. — Les ***bassins de la Touques, de l'Orne, de la Vire et de la Douve,*** enveloppés au sud par les collines de la Basse-Normandie, à l'ouest par celles du Cotentin, et inclinés vers le golfe de la Seine, sont assez peu étendus. Les départements de l'ORNE, du CALVADOS et de la MANCHE y sont à peu près compris.

La Touques passe à *Lisieux* et à *Pont-l'Évêque* (Calvados); l'Orne, à *Argentan* (Orne) et à *Caen* (Calvados); la Vire, à *Vire* (Calvados), à *Saint-Lô* (Manche), à *Isigny* (Calvados); la Douve, à *Carentan* (Manche).

Les ***bassins de la Sée, de la Sélune, du Couesnon, de la Rance, du Gouet et du Trieuc,*** tous tributaires du golfe de Saint-Malo, sont bornés au sud par la chaîne Armoricaine et comprennent principalement le département des CÔTES-DU-NORD; la Sée arrose *Avranches* (Manche); le Couesnon, *Pontorson* (Manche); la Rance passe à *Dinan* (Côtes-du-Nord), et se jette dans la mer à *Saint-Servan* et à *Saint-Malo* (Ille-et-Vilaine). Le Gouet baigne *Saint-Brieuc*, dans les Côtes-du-Nord; et le Trieuc, *Guingamp*, dans le même département.

Toutes ces petites rivières sont navigables dans leur partie inférieure, principalement au moyen de la marée.

CHAPITRE V.

SUITE DES BASSINS DE FLEUVES. — DÉPARTEMENTS ET VILLES PRINCIPALES DU VERSANT DE L'ATLANTIQUE PROPREMENT DIT ET DU GOLFE DE GASCOGNE.

Bassins de l'Élorn, de l'Aulne, de l'Odet, de l'Ellé, du Blavet et de la Vilaine. — Les ***bassins de l'Élorn et de l'Aulne*** ou ***de la rivière de Châteaulin***, les plus occidentales des rivières navigables de France, occupent un triangle renfermé entre les montagnes d'Arrée, les montagnes Noires et l'Atlantique proprement dit, et comprennent une grande partie du département du FINISTERRE.

Les ***bassins du Blavet*** et ***de la Vilaine*** occupent, avec ceux de l'***Odet*** et de l'***Ellé***, la partie la plus septentrionale du versant du golfe de Gascogne; ils sont limités au nord par la chaîne Armoricaine, et renferment à peu près les départements du MORBIHAN et d'ILLE-ET-VILAINE. Le Blavet passe à *Lorient* (Morbihan), où il reçoit le *Scorff*; la Vilaine baigne, dans le département d'Ille-et-Vilaine, *Vitré*, *Rennes*, où elle reçoit l'*Ille*, et elle y arrose aussi *Redon*. Ces deux rivières offrent une importante navigation.

Bassin de la Loire. — La *Loire* est le plus grand des fleuves qui parcourent la France; elle prend sa source dans le département de l'Ardèche, au Gerbier des Joncs, un des principaux monts des Cévennes; elle arrose les départements de la Haute-Loire et de la Loire, coupe une petite partie de celui de Saône-et-Loire, sépare ce département de celui de l'Allier, franchit le département de la Nièvre, qu'elle sépare ensuite de celui du Cher, et traverse enfin ceux du Loiret, de Loir-et-Cher, d'Indre-et-Loire, de Maine-et-Loire et de la Loire-Inférieure.

Elle a deux grandes directions, d'abord du sud au nord, jusque dans le département du Loiret, puis de l'est à l'ouest. Son cours est d'environ 1130 kilomètres ; il est généralement rapide, et la navigation y est difficile, par la formation de bancs de sable, par le déplacement de ces bancs, par les crues subites, quelquefois par le manque d'eau, et enfin par les glaces de l'hiver. Les débordements de la Loire sont redoutables; pour les prévenir, on a élevé de longues digues parallèles sur de grands espaces de son cours moyen. Elle a pour affluents : à droite, le *Furand* ou *Furens*, l'*Arroux*, la *Nièvre*, le *Maine*, qui porte dans son cours supérieur le nom de *Mayenne* et reçoit la *Sarthe*, grossie elle-même du *Loir* ; — à gauche, l'*Allier*, le *Loiret*, remarquable par l'abondance de sa source ; le *Cher*, grossi de l'*Èvre;* l'*Indre* ; la *Vienne*, qui se grossit de la *Creuse;* la *Sèvre nantaise*, et l'*Achenau*, qui sert d'écoulement au lac de *Grand-Lieu*. Le **bassin de la Loire** embrasse le centre et une grande partie de l'ouest de la France; il est enveloppé à l'est par les Cévennes, au nord par les montagnes du Morvan, le plateau de la forêt d'Orléans, les collines du Perche et de la Basse-Normandie, au sud par les montagnes de la Margeride, d'Auvergne, du Limousin, les collines du Poitou et le plateau de Gâtine.

Les départements qu'on peut considérer comme appartenant principalement à ce bassin sont au nombre de dix-sept : huit traversés par le fleuve, savoir : les départements de la HAUTE-LOIRE, de la LOIRE, de la NIÈVRE, du LOIRET, de LOIR-ET-CHER, d'INDRE-ET-LOIRE, de MAINE-ET-LOIRE, de la LOIRE-INFÉRIEURE ; — deux sur les tributaires de droite : la SARTHE et la MAYENNE; — Sept sur les tributaires de gauche : l'ALLIER et le CHER, situés sur la rive même de la Loire ; et le PUY-DE-DÔME, la CREUSE, l'INDRE, la HAUTE-VIENNE et la VIENNE, situés à quelque distance du fleuve.

Les villes principales placées vers la Loire sont : *Le Puy*, dans la Haute-Loire ; *Roanne*, dans la Loire ; *Decize Nevers*, *Cône*, dans la Nièvre ; *Briare*, *Gien*, *Orléans*,

Beaugency, dans le Loiret; *Blois*, dans Loir-et-Cher; *Amboise*, *Tours*, dans Indre-et-Loire; *Saumur*, dans Maine-et-Loire; *Ancenis*, *Nantes et Paimbœuf*, dans la Loire-Inférieure.

Le Furand passe à *Saint-Étienne* (Loire).

L'Arroux passe à *Autun* (Saône-et-Loire).

La Mayenne, continuée par le Maine, passe à *Mayenne*, à *Laval*, à *Château-Gontier*, dans le département de la Mayenne, et à *Angers*, dans Maine-et-Loire; — la Sarthe, à *Alençon*, dans le département de l'Orne; et au *Mans*, dans le département de la Sarthe; — le Loir, à *Châteaudun* (Eure-et-Loir), à *Vendôme* (Loir-et-Cher) et à *La Flèche* (Sarthe).

Vers l'Allier, sont *Brioude* (Haute-Loire), *Issoire* Puy-de-Dôme, *Vichy* et *Moulins* (Allier); — vers le Cher, *Saint-Amand-Montrond* et *Vierzon* (Cher); — vers l'Indre, *La Châtre* et *Châteauroux*, dans le département de l'Indre; *Loches* dans celui d'Indre-et-Loire; — vers la Creuse, *Aubusson*, *Guéret*, dans le département de la Creuse, et *Le Blanc*, dans celui de l'Indre; — vers la Vienne, *Limoges* et *Rochechouart* (Vienne), *Confolens* (Charente), *Châtellerault* (Vienne), *Chinon* (Indre-et-Loire).

La Loire est remontée par la marée jusqu'à Nantes; elle devient navigable un peu au-dessus de Roanne, et l'Allier, son plus grand affluent, le devient entre Brioude et Issoire; la pointe de terre qui s'avance entre ces deux cours d'eau, à leur confluent, s'appelle *Bec d'Allier*. Tous les autres affluents directs qu'on a cités sont navigables, excepté la Nièvre et le Furand.

Bassins du Lay, de la Sèvre niortaise et de la Charente. — Les ***bassins du Lay*** et ***de la Sèvre niortaise***, deux petites rivières navigables, sont très-peu considérables et ne comprennent que les départements de la Vendée et des Deux-Sèvres. La Sèvre niortaise reçoit la *Vendée*, à droite: elle passe à *Niort* (Deux-Sèvres), et la Vendée, à *Fontenay-le-Comte* (Vendée).

Le **bassin de la Charente,** rivière assez importante, qui offre une navigation avantageuse, est entouré par les montagnes du Limousin, les collines du Poitou et celles du Périgord et de la Saintonge; il contient deux départements : ceux de la CHARENTE et de la CHARENTE-INFÉRIEURE. Cette rivière passe dans la partie orientale du département de la Charente, entre un moment dans le département de la Vienne, où elle baigne *Civray*, et passe ensuite à *Ruffec*, à *Angoulême* et à *Cognac*, dans le département de la Charente, à *Saintes* et à *Rochefort*, dans le département de la Charente-Inférieure.

A ce bassin on peut rattacher celui de la *Seudre*, petite rivière navigable, qui coule un peu au sud de la Charente.

Bassin de la Garonne. — La *Garonne* a sa source dans la vallée d'Arran, en Espagne, entre en France après un cours de 50 kilomètres, parcourt les départements de la Haute-Garonne, de Tarn-et-Garonne, de Lot-et-Garonne, de la Gironde, et prend la forme d'un estuaire et en même temps le nom de *Gironde*, après avoir reçu la *Dordogne;* elle va se jeter dans le golfe de Gascogne, entre les pointes de La Coubre et de Grave, par une large embouchure, au milieu de laquelle se trouve la Tour de Cordouan. Son cours est généralement dirigé au nord-nord-ouest, et il a une longueur de 570 kilomètres. Outre la Dordogne, elle reçoit, à droite, l'*Ariége*, le *Tarn*, grossi de l'*Aveyron*, et le *Lot;* — à gauche, le *Gers* et la *Baïse*.

La Dordogne, qui descend du mont Dore, dans le département du Puy-de-Dôme, parcourt les départements du *Cantal*, de la *Corrèze* et de la *Dordogne;* elle reçoit à droite la *Vézère*, grossie de la *Corrèze*, et l'*Ile*, grossie de la *Haute-Vézère* et de la *Dronne*. La pointe qui s'avance à son confluent avec la Garonne se nomme *Bec d'Ambez*. Son cours est d'environ 430 kilomètres.

Le **bassin de la Garonne,** en y comprenant celui de la Dordogne, occupe une grande partie du sud-ouest de la France; il est entouré au nord par les montagnes du Li-

Limousin et de l'Auvergne, à l'est par les Cévennes, au sud par les Pyrénées. Les départements qui s'y trouvent sont : sur le cours de la Garonne, la HAUTE-GARONNE, TARN-ET-GARONNE, LOT-ET-GARONNE et la GIRONDE ; — sur la Dordogne, le CANTAL, la CORRÈZE et la DORDOGNE ; — sur les autres affluents de droite, l'ARIÉGE, le TARN, la LOZÈRE, l'AVEYRON et le LOT ; — sur les affluents de gauche, le GERS.

La Garonne passe à *Muret* et à *Toulouse*, dans la Haute-Garonne ; près de *Castel-Sarrasin* (Tarn-et-Garonne), à *Agen*, à *Tonneins* et à *Marmande*, dans Lot-et-Garonne ; à *La Réole* et à *Bordeaux*, dans la Gironde. *Blaye* est sur la Gironde.

La Dordogne baigne *Bergerac* (Dordogne) et *Libourne* (Gironde) ; — la Corrèze, *Tulle* et *Brive* (Corrèze) ; — l'Ile, *Périgueux* (Dordogne).

L'Ariége passe à *Tarascon*, à *Foix* et à *Pamiers* (Ariége) ; — le Tarn, à *Milhau* (Aveyron), à *Alby* et à *Gaillac* (Tarn), à *Montauban* et à *Moissac* (Tarn-et-Garonne) ; — l'Aveyron, à *Rodez* et à *Villefranche* (Aveyron) ; — le Lot, à *Mende* (Lozère), à *Espalion* (Aveyron), à *Figeac* et à *Cahors* (Lot), à *Villeneuve-d'Agen* (Lot-et-Garonne) ; — le Gers, à *Auch* et à *Lectoure* (Gers) ; — la Baïse, à *Mirande* et à *Condom* (Gers), à *Nérac* (Lot-et-Garonne).

La Garonne devient navigable au-dessus de Muret ; elle est rapide et d'une navigation difficile, de même que la Dordogne. La marée montante produit, en remontant la Gironde, une barre très-forte, nommée *Mascaret*, qui se fait particulièrement sentir avec impétuosité dans la Dordogne.

Tous les affluents directs qu'on a indiqués sont navigables.

Bassin de l'Adour. — L'*Adour* descend des Pyrénées, coule d'abord au nord, puis à l'ouest, et se jette dans le golfe de Gascogne, à Bayonne. Il reçoit à droite la *Midouze*, et à gauche le *Gave*[1] *de Pau*. Le **bassin de l'Adour** oc-

1. *Gave*, dans le Béarn, signifie *rivière*.

cupe l'extrémité sud-ouest de la France, et comprend les départements des HAUTES-PYRÉNÉES, des LANDES et des BASSES-PYRÉNÉES. Il baigne *Bagnères-de-Bigorre* et *Tarbes*, dans les Hautes-Pyrénées; *Saint-Sever*, *Dax* et *Saint-Esprit*, dans les Landes; *Bayonne*, dans les Basses-Pyrénées.

La Midouze passe à *Mont-de-Marsan* (Landes); — le Gave de Pau baigne *Pau* et *Orthez* (Basses-Pyrénées).

CHAPITRE VI.

SUITE DES BASSINS DE FLEUVES. — DÉPARTEMENTS ET VILLES PRINCIPALES DU VERSANT DE LA MÉDITERRANÉE.

Bassins du Tech, de la Tet, de la Gly, de l'Aude et de l'Hérault. — Les petits ***bassins du Tech*** et ***de la Tet*** se trouvent à l'extrémité sud de la partie continentale de la France, entre les Corbières et les Pyrénées; on y voit le département des PYRÉNÉES-ORIENTALES. *Céret* est sur le Tech. *Prades* et *Perpignan* sont sur la Tet.

Le ***bassin de l'Aude*** s'étend entre les montagnes Noires et les Corbières. Le département de l'AUDE occupe à peu près ce bassin, et deux de ses villes principales, *Limoux* et *Carcassonne*, sont sur l'Aude. Le lac de *Capestang* s'écoule dans cette rivière.

Le ***bassin de l'Hérault***, rivière qui se jette dans la Méditerranée, à l'ouest de l'étang de Thau, est situé à l'ouest de celui du Rhône, et borné au nord par les Cévennes; il comprend à peu près le département de l'HÉRAULT. *Pézenas* et *Agde* sont baignées par cette rivière, qui est navigable sur un court espace.

Bassin du Rhône. — Le *Rhône* prend sa source en Suisse, forme le lac de Genève, sépare quelque temps la France de la Savoie, entre en France vers l'extrémité sud du mont Jura, et va se jeter dans le golfe du Lion, à l'ouest de la plaine déserte de la Crau et de l'étang de Berre, par quatre embouchures principales, dont la plus orientale et la plus considérable s'appelle le *Grand-Rhône*, la seconde, aussi à l'est, est le *Vieux-Rhône;* celles de l'ouest sont le *Petit-Rhône* et le *Rhône-Mort*. Le delta renfermé entre ces divers bras se nomme *Camargue*.

Le Rhône suit deux directions distinctes : il coule d'abord à l'ouest, jusqu'à Lyon, ensuite au sud. Ses affluents principaux sont : à droite, l'*Ain*, dans lequel s'écoule le lac de *Nantua;* la *Saône*, une des plus grandes rivières de France, et grossie elle-même de l'*Oignon*, de l'*Ouche*, du *Doubs* et de la *Seille;* l'*Ardèche* et le *Gard* ou *Gardon;* — à gauche, l'*Isère*, la *Drôme* et la *Durance*, grossie du *Verdon*.

Le grand bassin du Rhône, dont celui de la Saône est une partie considérable, occupe l'est et le sud-est de la France. Il est enveloppé par les Alpes, à l'est; le Jorat, le Jura, les Vosges méridionales, les monts Faucilles, le plateau de Langres, au nord; la Côte d'Or et les Cévennes, à l'ouest. Il s'y trouve quinze départements : huit baignés par le fleuve, savoir : quatre à droite, l'Ain, le Rhône, l'Ardèche et le Gard; — quatre à gauche, l'Isère, la Drôme, Vaucluse et les Bouches-du-Rhône; — cinq dans le bassin de la Saône : le Jura, le Doubs, la Haute-Saône, la Côte-d'Or et Saône-et-Loire; — deux dans le bassin de la Durance : les Hautes-Alpes et les Basses-Alpes.

Après *Lyon*, placé au confluent du Rhône et de la Saône, les villes principales baignées en France par ce fleuve sont : *Vienne* (Isère), *Tournon* (Ardèche), *Valence* (Drôme), *Viviers* (Ardèche), *Avignon* (Vaucluse), *Beaucaire* (Gard), *Tarascon* et *Arles* (Bouches-du-Rhône).

La Saône passe à *Gray* (Haute-Saône), à *Auxonne* (Côte-d'Or), à *Chalon*, à *Tournus* et à *Mâcon* (Saône-et-Loire), à *Villefranche* (Rhône), et à *Trévoux* (Ain). — L'Ouche passe à *Dijon* (Côte-d'Or).

Le Doubs arrose *Pontarlier*, *Baume-les-Dames* et *Be-*

sançon, dans le département auquel il donne son nom, et *Dôle*, dans le Jura.

Le Gard passe à *Alais* et près de *Nîmes* (Gard).

L'Isère baigne *Grenoble* et *Saint-Marcellin*, dans le département de l'Isère, et *Romans*, dans le département de la Drôme.

La Durance baigne *Briançon* et *Embrun*, dans les Hautes-Alpes; *Sisteron*, dans les Basses-Alpes.

Le cours du Rhône est de 812 kilomètres, il est extrêmement rapide, et offre une navigation difficile et dangereuse, si ce n'est pour les bateaux à vapeur. Sa navigation n'est importante qu'à partir de Lyon; celle de la Saône, qui est une des rivières les plus paisibles de l'Europe, et l'une des plus considérables de France (430 kilomètres de cours), commence à Gray. Ces deux cours d'eau sont sujets à de grands débordements : ceux du Rhône sont subits, et dus principalement à la fonte des neiges des Alpes; ceux de la Saône sont plus lents, mais s'étendent à une grande distance, dans les vastes plaines voisines.

L'Isère est navigable aussi; la Durance, malgré son cours assez étendu, ne l'est pas, à cause de son impétuosité; elle cause souvent des ravages par ses inondations.

C'est dans le bassin du Rhône que se trouvent les lacs les plus nombreux de la France, tous d'ailleurs peu considérables : le lac de *Nantua* s'écoule dans l'Ain; le lac de *Saint-Point* est formé par le cours supérieur du Doubs; le lac de *Paladru* s'écoule dans l'Isère; le lac d'*Allos*, dans les Alpes, est vers la source du Verdon. Nous avons déjà parlé des lagunes qui avoisinent l'embouchure de ce fleuve : l'étang de *Valcarès*, l'étang de *Berre*, celui de *Mauguio*, etc.

Bassins de l'Argens et du Var. — Les petits ***bassins de l'Argens*** et ***du Var***, enveloppés au nord par les Alpes et les monts d'Esterel, comprennent le département du Var, situé à l'angle sud-est de la France. *Draguignan* est dans la vallée de l'Argens.

Corse. — L'île de Corse forme le département le plus méridional de la France. Elle est partagée en deux versants par la chaîne de hautes montagnes qui la parcourt du nord au sud depuis le cap Corse jusqu'aux Bouches de Bonifacio; le versant oriental de l'île est incliné vers la mer Tyrrhénienne; entre autres torrents, on y voit couler le *Golo* et le *Tavignano.* — Le versant de l'ouest, incliné vers la Méditerranée proprement dite, est arrosé par le *Liamone* et le *Valinco.* Le Golo et le Liamone ont donné quelque temps leur nom à deux départements.

Nous joindrons à cette description des bassins de la France le tableau de la navigation et du flottage des principaux cours d'eau, extrait de l'*Abrégé* de M. Belin de Launay.

Tableau des principales voies flottables et navigables de la France.

FLEUVES et RIVIÈRES.	LIEUX OU COMMENCE		LONGUEUR DES LIGNES	
	LE FLOTTAGE.	LA NAVIGATION.	DE FLOTTAGE.	DE NAVIGATION.
			kil.	kil.
RHIN	....	Bâle	....	722
Moselle	Dommartin	Frouard	149	115
MEUSE	....	Verdun	....	261
ESCAUT	....	Cambrai	....	68
SEINE	Billy	Méry	161	557
Aube	Rouvres	Arcis	108	34
Yonne	A sa source	Auxerre	165	93
Marne	....	Saint-Dizier	....	142
Oise	Bautor	Chauny	14	122
Orne	....	Caen	....	17
Touques	....	Lisieux	....	29
Vire	....	En aval de St-Lô	....	18
Rance	....	Dinan	....	12
Trieuc	....	Port de Trieuc	....	15
Aulne	....	Port l'Aunay	....	24
Vilaine	....	Cesson	....	139
LOIRE	Retournac	La Noirie (près de Roanne)	51	812
Arroux	Autun	Gueugnon	61	20
Allier	Saint-Arcons	Fontanès	43	241
Cher	Chambouchard	Vierzon	179	158
Vienne	....	Châtellerault	....	90
Sèvre niort	....	Niort	....	83
Charente	Civray	Montignac	96	191
GARONNE	Pont-du-Roi	Cazères	75	428
Ariége	Pamiers	Cintegabelle	41	30
Tarn	Peyreleau	Gaillac	26	110
Baïse	....	Nérac	....	20
Lot	Saint - Laurent d'Olt	Entraigues	14	295
Dordogne	Confluent du Chavanon	Mayronne	169	292
Adour	....	Saint-Sever	....	114
Gly	Confluent de la Boulzam	....	62	....
Aude	Escouloubre	....	168	....
Hérault	Vallerauque	Bessan	21	11
RHÔNE	....	Fort L'Écluse	....	520
Ain	Pont de Navoy	Chartreuse de Vaucluse	58	97
Saône	Monthureux	Gray	193	....
Doubs	Vougeaucourt	....	220	....
Isère	....	Montmeillan	....	140
Argens	Confluent de la Bresque	....	62	....
Var	....	....	21	....

Il y a en France 122 fleuves ou rivières navigables ou flottables en partie. Le développement de leur cours flottable est de 3 209 220 mètres, et celui de leur cours navigable, de 7 826 250 mètres.

CHAPITRE VII.

CANAUX ET CHEMINS DE FER.

Principaux canaux; mers et cours d'eau qu'ils mettent en communication. — Le canal de *Saint-Quentin*, continué par le canal *Crozat*, unit l'Escaut à la Somme et à l'Oise. Le canal de *Manicamp* à *Chauny* longe l'Oise, à la suite du canal Crozat. Le canal de la *Somme*, qui se rattache au canal Crozat, longe le cours de la rivière de ce nom, et se confond souvent avec elle d'Amiens à la mer.

Le canal des *Ardennes* joint l'Aîne à la Meuse. Le canal de l'*Aîne* à la *Marne* en est comme la continuation. Le canal de la *Sambre* unit cette rivière à l'Oise.

Le canal de l'*Ourcq*, continué par le bassin de *La Villette* et le canal *Saint-Martin*, amène à Paris les eaux de l'Ourcq, petite rivière qui se jette dans la Marne. Le canal de *Saint-Denis* se rattache au canal de l'Ourcq, et, avec le bassin de La Villette et le canal Saint-Martin, il unit la Seine à elle-même, en faisant éviter le passage des bateaux à travers Paris.

La Seine et la Loire sont réunies par le canal du *Loing*, et par ceux d'*Orléans* et de *Briare*, qui en sont deux bifurcations.

Le canal de *Bourgogne* s'étend de l'Yonne à la Saône; le canal du *Rhône* au *Rhin*, ou de l'*Est*, en est en quelque sorte une continuation, et va rejoindre le Rhin, après avoir longé le Doubs et l'Ill.

On remarque aussi dans l'est de la France le canal de la *Marne* au *Rhin*.

Le canal *latéral de la Loire* longe la rive gauche du fleuve de ce nom depuis le canal de Briare jusqu'à celui du Centre. Le canal de *Roanne* en est la continuation méridionale. Le canal du *Berri*, qui se rattache au canal latéral de la Loire, unit le cours supérieur et le cours moyen du Cher à la Loire.

Le canal du *Centre* unit la Loire à la Saône.

Le canal du *Nivernais* joint la Loire à l'Yonne.

Le canal de *Nantes* à *Brest* est le plus remarquable de l'ouest de la France.

Le canal d'*Ille-et-Rance* joint l'Ille à la Rance, par conséquent la Manche au golfe de Gascogne.

Le canal du *Languedoc* ou du *Midi*, le plus beau de la France, s'étend de la Garonne à l'étang de Thau, et s'appelle encore canal des *Deux-Mers*, parce qu'il unit l'Atlantique à la Méditerranée. Il est continué par le canal des *Étangs*, et celui-ci l'est par le canal de *La Radelle*, puis par le canal de *Beaucaire*, qui aboutit au Rhône. Au canal du Midi se rattachent le canal de la *Roubine de Narbonne*, qui, passant à Narbonne, se termine à la Méditerranée vers La Nouvelle ; et la *Grande-Roubine d'Aigues-Mortes*, qui va d'Aigues-Mortes à la mer. Le canal d'*Arles* à *Bouc* unit Arles à la Méditerranée, et remplace la navigation défectueuse du Rhône. A ce canal se joint celui de *Craponne*, qui va rejoindre la Durance.

Le canal de *Givors*, destiné au transport des charbons, se termine dans le Rhône, au sud de Lyon.

Le canal de *La Rochelle* s'étend du port de ce nom à la Sèvre niortaise ; — le canal de *Brouage* va de la Charente à Brouage, en face de l'île d'Oléron.

On a commencé le canal *latéral de la Garonne*, vers le cours moyen de cette rivière, de Toulouse (Haute-Garonne) à Castets (Gironde).

Plusieurs de ces canaux coupent les lignes de partage des eaux des versants maritimes, et font communiquer entre elles les quatre mers qui baignent la France. Ainsi, le canal de Saint-Quentin, le canal de la Sambre, le canal des Ardennes et le canal de la Marne au Rhin font communiquer le versant de la mer du Nord au versant de la Manche ; — le canal de Bourgogne unit le versant de la

Manche au versant de la Méditerranée; — les canaux du Centre et du Midi unissent le versant du golfe de Gascogne au versant de la Méditerranée; — le canal du Loing, suivi de ceux de Briare et d'Orléans, et le canal du Nivernais, unissent le versant de la Manche au golfe de Gascogne.

Il y a, vers les extrémités septentrionales de la France, dans la Flandre et l'Artois, un grand nombre de canaux qui dessèchent les marais et mettent en communication entre les cours d'eau et toutes les villes du nord. La longueur totale des canaux de la France présente un développement d'environ 5000 kilomètres.

Principaux chemins de fer. — *Paris* est le centre des chemins de fer français. Sept lignes en partent:

1° Le CHEMIN DU NORD se dirige sur *Amiens*, *Arras* et *Douai*; là, le chemin se divise en deux embranchements: l'un sur *Valenciennes*, d'où il passe en Belgique pour se rendre à *Mons*, à *Bruxelles* et à *Malines*, centre des chemins de fer belges; — l'autre embranchement va à *Lille*, entre aussi en Belgique, passe à *Gand*, et arrive à *Malines*, d'où une ligne importante va rejoindre, par *Liége*, les chemins de fer d'Allemagne, en touchant *Aix-la-Chapelle* et *Cologne*. — A Amiens, naît sur la gauche un embranchement qui se dirige sur *Abbeville* et *Boulogne*, où il se termine en face du port anglais de *Folkstone*; c'est la voie qui met le plus directement Paris en communication avec Londres. — A Lille, un embranchement se porte à l'ouest, sur *Hazebrouck*; de là, deux chemins se dirigent, l'un sur *Dunkerque*, l'autre sur *Calais*, en face du port anglais de *Douvres*. — A *Creil*, commence un embranchement sur *Compiègne* et *Saint-Quentin*, destiné à être relié par la suite au chemin belge de *Charleroi* à la frontière de France, d'une part, et au chemin de *Valenciennes*, de l'autre.

2° Le CHEMIN DE ROUEN ET DU HAVRE envoie, près de Rouen, au nord, un embranchement sur *Dieppe*; — près de Paris, il s'en sépare, par la gauche, un chemin qui se rend à *Saint-Germain*, et un autre qui se rend à

Versailles, avec le surnom de chemin de la *rive droite*, parce que, dans Paris, l'embarcadère commun à tous ces chemins se trouve à droite de la Seine ; par la droite, il se détache un chemin sur *Argenteuil*. — Un embranchemeut devra se porter sur *Évreux*, *Caen* et *Cherbourg ;* un autre, sur *Fécamp*.

3° Le CHEMIN DE VERSAILLES (*rive gauche*) commence à Paris, à gauche de la Seine, et se joint, à Versailles, au chemin de la rive droite, pour former avec lui le CHEMIN DE L'OUEST, qui passe par *Chartres* et devra se prolonger jusqu'à *Brest;* il se partage en deux branches (par *Alençon* et par *Le Mans*), qui se rejoindront ensuite pour passer par *Rennes*, et il projettera un embranchement sur le chemin d'*Évreux* à *Cherbourg*.

4° Le CHEMIN DE SCEAUX ET D'ORSAY, peu étendu, est celui de tous les chemins français qui décrit les courbes les plus multipliées.

5° Le CHEMIN D'ORLÉANS est continué, d'un côté, par le CHEMIN DU CENTRE, et, de l'autre, par le CHEMIN DE TOURS ET BORDEAUX. — Un embranchement se sépare du chemin d'Orléans, pour se rendre à *Corbeil*. — Le chemin d'Orléans à Bordeaux passe par *Blois*, *Tours*, *Poitiers*, *Angoulême*. — De Bordeaux, un chemin conduit à *La Teste*. — D'autres lignes doivent unir *Bordeaux* à *Cette*, d'une part, et à *Bayonne*, de l'autre. — De Tours, une ligne se porte sur *Nantes*, par *Angers*. — Le chemin du Centre va d'*Orléans* à *Nevers*, par *Vierzon* et *Bourges*, s'avance déjà jusqu'au-delà de *Moulins*, et doit continuer jusqu'à *Clermont*, en envoyant un embranchement sur *Roanne*. — De ce chemin se sépare, à *Vierzon*, un embranchement qui va à *Châteauroux* et qui se prolongera sur *Limoges*.

6° Le CHEMIN DE PARIS A LYON ET A MARSEILLE passe à *Melun*, à *Montereau*, d'où il envoie un embranchement sur *Troyes;* à *Sens*, à *Tonnerre*, à *Dijon*, à *Chalon-sur-Saône*, à *Mâcon*. — Un chemin, le plus ancien de France, unit *Lyon* à *Saint-Étienne;* un autre va de *Saint-Étienne* à *Roanne*, et projette un embranchement sur *Montbrison*. — De Lyon, le chemin longera le Rhône jusqu'à *lence*, en envoyant un embranchement à *Grenoble*; continuation va déjà de *Valence* à *Avignon*, d'*Avignon* *Marseille*, par *Tarascon* et *Arles*, en projetant un embranchement sur *Aix*, et forme l'extrémité méridionale de cette longue et magnifique voie qui parcourra la France entière, depuis la mer du Nord jusqu'à la Méditerranée. — *Genève* sera unie à cette ligne. — Le chemin d'Avignon à Marseille envoie, à la hauteur de *Beaucaire*, un embranchement qui se rend à *Nîmes*; de cette ville, partent deux branches, sur *Alais* et la *Grand'-Combe*, d'une part, et sur *Montpellier* et *Cette*, de l'autre. On s'occupe, comme nous l'avons dit, de joindre *Cette* à *Bordeaux* par une autre ligne, qui passera par *Carcassonne* et *Toulouse*, en envoyant un embranchement de *Narbonne* à *Perpignan*.

7° **Le chemin de Strasbourg ou de l'Est** passe par *Meaux*, *Châlons-sur-Marne*, *Bar-le-Duc*, *Nancy*, *Sarrebourg* et *Saverne*. Il envoie, près de *Nancy*, un embranchement qui se porte sur *Metz* et *Forbach* et se relie avec les chemins de la Prusse et de la Bavière rhénanes. — De Strasbourg, un chemin se rend à *Bâle*, par *Colmar* et *Mulhouse*, avec un embranchement de *Mulhouse* à *Thann*; un chemin allemand, parallèle à celui-ci, et longeant la rive droite du Rhin, de Carlsruhe à Bâle, envoie un embranchement sur *Kehl*, près de Strasbourg. — Mulhouse doit être reliée à Paris par un chemin plus direct que celui-là, et à Dijon par un chemin qui passera à *Gray* et à *Auxonne*.

On donne le nom de Grand-Central à un ensemble de chemins qui joindra Bordeaux à Lyon, Limoges à Agen, et Clermont à Montauban; mais il n'exploite encore que la section de Lyon à Roanne par Saint-Étienne.

Il faut ajouter à tous ces chemins le *chemin de ceinture de Paris*, reliant entre elles les grandes lignes qui partent de cette ville.

On remarque quelques chemins isolés, destinés surtout au transport des charbons : dans les départements de Saône-et-Loire et de la Côte-d'Or, le chemin de fer d'*Épinac* au *canal de Bourgogne*; — dans le département de Saône-et-Loire, le chemin du *Creuzot* au *canal du*

Centre; — dans le département du Nord, le chemin de *Denain* à *Abscon*, et de *Denain* à *Saint-Waast;* — dans le département de l'Aîne, le chemin de *Villers-Cotterets* au *Port-aux-Perches*.

Le développement total des lignes de fer exploitées est de 4000 kilomètres.

La télégraphie électrique, cet admirable et nouveau moyen de faire communiquer la pensée avec la rapidité de l'éclair même, se multiplie de toutes parts et particulièrement sur toutes les lignes de chemins de fer.

CHAPITRE VIII.

ANCIENNE DIVISION DE LA FRANCE EN PROVINCES.

Situation des provinces; leurs capitales. — Avant la révolution de 1789, la France était divisée géographiquement en 36 *provinces principales;* la véritable division politique ne consistait cependant qu'en 31 *gouvernements généraux militaires*, car six de ces provinces, la *Picardie*, l'*Artois*, la *Saintonge*, l'*Angoumois*, la *Guïenne* et la *Gascogne*, ne formaient que trois gouvernements, ceux de *Picardie-et-Artois*, de *Saintonge-et-Angoumois* et de *Guïenne-et-Gascogne*, et deux autres provinces, l'*État d'Avignon* et la *Corse*, n'étaient pas comptées, comme nous allons le voir, dans cette division générale en gouvernements.

Sur le VERSANT DE LA MER DU NORD, on trouve quatre anciennes provinces : l'*Alsace*, à l'est, entre les Vosges et le Rhin, capitale Strasbourg; la *Lorraine*, située au nord-est, dans les bassins de la Moselle et de la Meuse, et formant avec le *Barrois* le gouvernement de *Lorraine-et-Barrois*, capitale Nancy; — la *Flandre*, à l'extrémité nord de la France, capitale Lille; — et l'*Artois*, aussi au nord, capitale Arras.

Le versant de la Manche en comprend également quatre : *Picardie*, au nord, dans le bassin de la Somme, ayant pour capitale Amiens, et formant, avec l'Artois, le gouvernement général de *Picardie-et-Artois*, dont Amiens était aussi la capitale ; — la *Champagne*, à l'est, qui avait pour capitale Troyes, et qui était désignée dans la division politique sous le nom de gouvernement de *Champagne-et-Brie* ; — l'*Ile-de-France*, au milieu, capitale Paris ; — la *Normandie*, à l'ouest, sur la mer, capitale Rouen. Ces trois dernières provinces appartiennent au bassin de la Seine.

Une grande province, à l'extrémité occidentale de la France, est à la fois sur le versant de la mer de France, sur celui de la Manche et sur l'océan Atlantique proprement dit : c'est la *Bretagne*, capitale Rennes.

Dix-huit provinces appartiennent au versant du golfe de Gascogne. Dans ce nombre, onze se trouvent dans le bassin de la Loire :

D'abord, sur les rives de ce fleuve, le *Bourbonnais*, capitale Moulins ; — le *Nivernais*, capitale Nevers ; — le *Berri*, capitale Bourges ; — l'*Orléanais*, capitale Orléans ; — la *Touraine*, capitale Tours ; — l'*Anjou*, capitale Angers.

Ensuite, à quelque distance de la Loire, à droite, le *Maine*, capitale le Mans ; — et, à gauche, l'*Auvergne*, capitale Clermont ; — la *Marche*, capitale Guéret ; — le *Limousin*, capitale Limoges ; — le *Poitou*, capitale Poitiers.

Trois sont dans le bassin de la Charente : l'*Angoumois*, capitale Angoulême ; — la *Saintonge*, capitale Saintes, capitale de tout le gouvernement de Saintonge-et-Angoumois ; — l'*Aunis*, capitale La Rochelle.

On en voit quatre dans les bassins de la Garonne et de l'Adour : la *Guïenne*, capitale Bordeaux, qui était la capitale du gouvernement de *Guïenne-et-Gascogne* ; — la *Gascogne*, capitale Auch ; — le *Béarn*, situé à l'extrémité sud-ouest de la France, dans la bassin de l'Adour, et qui, uni à la Basse-Navarre, formait le gouvernement de *Béarn-et-Navarre*, capitale Pau ; — le *Comté de Foix*, capitale Foix.

Deux provinces, traversées par la chaîne des Cévennes, sont partagées presque également entre les VERSANTS DE LA MÉDITERRANÉE et DU GOLFE DE GASCOGNE : le *Languedoc*, très-longue province, qui s'étend du nord-est au sud-ouest dans le sud de la France, depuis le Rhône jusqu'à la Garonne ; capitale Toulouse ; — et le *Lyonnais*, dans l'est de la France ; capitale Lyon.

Une province, traversée par la Côte d'Or, les Cévennes, et les monts du Morvan, appartient à la fois aux VERSANTS DE LA MÉDITERRANÉE, DE LA MANCHE ET DU GOLFE DE GASCOGNE : c'est la *Bourgogne*, située dans l'est de la France, et unie à la *Bresse*, pour former le gouvernement de *Bourgogne-et-Bresse*, capitale Dijon.

Enfin six provinces versent entièrement leurs eaux dans la Méditerranée : une à l'est, vers le Jura : la *Franche-Comté*, capitale Besançon : — trois provinces placées au sud-est, entre les Alpes, le Rhône et la Méditerranée : le *Dauphiné*, capitale Genoble; — l'*État d'Avignon*, province dépendante des papes, capitale Avignon ; — la *Provence*, capitale Aix ; — une à l'extrémité sud de la France, vers les Pyrénées : le *Roussillon*, capitale Perpignan. — La dernière province est l'*île de Corse*, qui avait pour capitale Bastia. Cette île ne formait pas un gouvernement général, mais seulement un *petit gouvernement*. Il y avait, en outre, sept autres petits gouvernements, enclavés dans les grands : c'étaient ceux de *Paris* dans l'Ile-de-France ; de *Boulogne*, dans la Picardie; du *Havre*, dans la Normandie; de *Sedan*, dans la Champagne ; de *Toul*, de *Metz*-et-*Verdun*, dans la Lorraine; de *Saumur*, dans l'Anjou.

Date et historique sommaire de la réunion des provinces à la couronne de France. — *Provinces du versant de la mer du Nord.* — L'ALSACE, en allemand *Elsass*, tire son de l'*Ill* ou *Ell*, qui l'arrose. On la divisait en *Basse-Alsace*, au nord, *Haute-Alsace*, au milieu, et *Suntgau*, au sud. Elle appartenait à l'Allemagne, lorsque Bernard de Saxe-Weimar la con-

[illegible] 1639, et la laissa par sa mort à la France, qui la conserva par le traité de Westphalie (1648). Cependant Strasbourg ne fut réunie à la France qu'en 1681, et Mulhouse, qui faisait partie de la confédération suisse, ne le fut qu'en 1798.

La Lorraine, en allemand *Lothringen*, autrefois *Lotharingie*, a été ainsi nommée de Lothaire II, petit-fils de Louis le Débonnaire; elle remplaça l'Ostrasie, dont ce prince était devenu roi. Elle appartint longtemps à ses ducs sous la suzeraineté de l'Allemagne. En 1552, le roi de France, Henri II, en conquit une partie, les *Trois-Évêchés*, c'est-à-dire les évêchés de Metz, Toul et Verdun; le reste, qui conserva le nom de duché de Lorraine, fut cédé, en 1735, par le traité de Vienne, au roi de Pologne Stanislas Leczinski, par le duc François III, qui reçut en échange le grand-duché de Toscane; après la mort de Stanislas, le duché de Lorraine fut réuni à la France, en 1766. Quoique Metz eût été conquise par Henri II, les évêques de cette ville s'étaient reconnus vassaux des empereurs d'Allemagne jusqu'en 1633, époque où Louis XIII déclara la réunion complète et définitive de l'évêché à la France.

La Lorraine comprenait, à l'ouest, le *Barrois* ou le duché de *Bar* avec l'*Argonne lorraine* et le *Clermontois*; au sud, le pays des *Vosges*. Les petits gouvernements de *Toul* et de *Metz*-et-*Verdun* y étaient enclavés. Le Barrois se divisait en *Barrois royal* ou *mouvant* (à l'ouest de la Meuse), et *Barrois ducal* ou *non mouvant* (à l'est de ce fleuve).

La Flandre, en flamand *Vlaanderen*, paraît tirer son nom du saxon *Fleondra-land* (le pays des réfugiés), car les îles basses de la partie belge servirent d'asile à des Saxons réfugiés, vers la fin de l'empire Romain. La province française de Flandre n'est qu'une partie de l'ancienne et grande contrée de la Flandre, qui a été longtemps un comté puissant, vassal de la France, puis compris dans les états du duc de Bourgogne, enfin dans ceux de l'Espagne et de l'Autriche; la partie la plus considérable de ce pays est aujourd'hui en Belgique, où elle forme les provinces de *Flandre orientale* et de *Flandre occidentale*. La Flandre française fut conquise sur l'Espagne par Louis XIV, en 1668, cédée par elle la même année, en vertu du traité d'Aix-la-Chapelle, et réunie définitivement à la France par la paix de Nimègue, en 1679. Elle se divisait en *Flandre maritime*, *flamande* ou *flammingante* (c'est-à-dire parlant flamand), au nord; — *Flandre wallonne*, *welche* ou *gallicane* (parlant un dialecte français), au milieu; — *Hainaut français* et *Cambrésis*, au sud.

L'Artois, ainsi nommé des anciens *Atrébates*, fut au moyen âge un comté, qui suivit généralement le sort de la Flandre; une grande partie fut enlevée à l'Espagne, sous Richelieu (1640), et se trouva annexée à la France par le traité des Pyrénées, en 1659. Le reste fut conquis en même temps que la Flandre, et réuni par le traité de 1679. On le divisait en *Artois flammingant* et *Artois wallon*.

Provinces du versant de la Manche. — La Picardie, dont le nom paraît venir de l'usage où étaient les habitants de cette province de se servir de *piques* à la guerre, comprenait l'*Amiénois*, le *Santerre*, le *Vermandois*, la *Thiérache*, formant la *Haute-Picardie*; — et le *Vimeu*, le *Ponthieu*, le *Boulonnais* et le *Calaisis* ou le *Pays reconquis*, formant la *Basse-Picardie*. On considérait encore comme des pays picards le *Beauvaisis*, le *Soissonnais*, le *Valois*, le *Laonnais* et le *Noyonnais*, qui avaient fait autrefois, en effet, partie de la Picardie, mais qui, dans la distribution des trente et un gouvernements généraux, appartenaient à celui de l'Ile-de-France. Cette province fut longtemps soumise aux comtes de Flandre, passa aux Anglais sous Philippe de Valois, puis sous Charles VI, fut reconquise par Charles VII, cédée par celui-ci aux ducs de Bourgogne, en vertu du traité d'Arras (1435), et réunie à la couronne de France par Louis XI, après la mort de Charles le Téméraire. Cependant Calais, faisait partie, ne fut repris aux Anglais qu'en 1558, par Henri II.

La Champagne, ainsi nommée de ses vastes plaines (*campi*), était divisée en *Champagne propre*, *Châlonnais*, *Rémois*, *Perthois*, *Argonne champenoise*, *Brie champenoise*, *Rethelois*, principauté de *Sedan*, *Vallage*, *Bassigny*, *Sénonais*. Elle fut longtemps un comté puissant, dont la dernière héritière, Jeanne, apporta en dot au roi de France Philippe le Bel, en même temps que la Navarre (1285).

L'Ile-de-France tire son nom de ce que, dans l'origine, elle était à peu près une *île*, entourée par la Seine, la Marne, l'Ourcq, l'Aîne et l'Oise; elle s'avança par la suite bien au delà de ces limites, et elle comprenait à la fin les divisions suivantes : l'*Ile-de-France propre* (comprenant les petits pays de *France*, *de Parisis*, *de Goëlle*), la *Brie française*, le *Gâtinais français*, le *Hurepoix*, le *Mantois*, le *Vexin français*, le *Thimerais* ou *Perche français*, et les pays picards de *Beauvaisis*, de *Valois*, de *Soissonnais*, de *Noyonnais* et de *Laonnais*. Cette province, qui est le berceau de la monarchie française, faisait une grande partie des possessions de la couronne sous les Carlovingiens, lors de l'établissement du système féodal; mais les ducs de France finirent par en devenir presque entièrement les maîtres, et, à l'avénement des Capétiens, elle constitua le noyau du domaine royal.

La Normandie, c'est-à-dire le pays des *Normands* (*hommes du nord*), qui s'y établirent au xe siècle, était divisée en *Haute-Normandie*, à l'est, et *Basse-Normandie*, à l'ouest. La première renfermait le *Vexin normand*, le *Roumois*, le pays de *Caux*, le pays de *Bray*, le pays d'*Auge*, le *Lieuvin*, le pays d'*Évreux*. — La seconde comprenait la *Campagne de Caen*, le *Bessin*, le *Bocage*, le *Cotentin*, l'*Avranchin*, le *Houlme*, les *Marches* et l'*Ouche*. La Normandie, cédée au chef normand Rollon par le traité de Saint-Clair-sur-Epte (911), forma dès lors un important duché, dont les ducs devinrent rois d'Angleterre dans le XIe siècle; elle ne cessa cependant pas d'être vassale de la France. En 1203, Philippe Auguste la confisqua sur Jean sans Terre; en 1346, Édouard III l'annexa de nouveau à l'Angleterre; Charles V la réunit à la France, qui la perdit de nouveau sous Charles VI; elle fut reconquise enfin sous Charles VII, en 1450.

Province partagée entre les versants de la Manche, de l'Atlantique proprement dit et du golfe de Gascogne. — La BRETAGNE fut ainsi nommée des *Bretons* qui, venus de la Grande-Bretagne, cherchèrent un asile dans l'ancienne Armorique, aux Ve et VIe siècles; elle se divisait en *Haute-Bretagne*, à l'est, et *Basse Bretagne*, à l'ouest; dans la première étaient les diocèses de *Rennes*, de *Nantes*, de *Saint-Malo*, et celui de *Saint-Brieuc*, formant à peu près le duché de *Penthièvre*. — La Basse-Bretagne comprenait les diocèses de *Tréguier*, de *Vannes*, de *Quimper* et de *Saint-Pol de Léon*. On désignait ces deux derniers diocèses sous le nom de *Cornouailles*, exprimant la position de ce pays à l'extrémité de la France (*cornu Galliæ*). La Bretagne forma, au moyen âge, un comté, puis un duché, qui fut annexé à l'Angleterre dans le XIIe siècle, et allié de ce royaume contre la France dans la guerre de Cent ans. Anne, dernière héritière de ce duché, le réunit à la couronne de France, en épousant Charles VIII et ensuite Louis XII; Claude, fille d'Anne et de Louis XII, assura à la couronne l'héritage de la Bretagne par son mariage avec François Ier, et la réunion solennelle des deux pays eut lieu en 1532.

Provinces du versant du golfe de Gascogne. — Le BOURBONNAIS tirait son nom de *Bourbon-l'Archambault*, qui en fut d'abord la capitale, et qui fut le berceau et la résidence primitive des sires de Bourbon. Il se divisait en *Haut-Bourbonnais*, à l'est, et *Bas-Bourbonnais*, à l'ouest. Il fut réuni à la couronne par confiscation sous François Ier, vers 1523, après la défection du connétable de Bourbon.

Le Nivernais devait son nom à sa capitale, *Nevers* (anciennement *Nivernum*); parmi les petits pays qui y étaient renfermés, on remarquait le *Morvan nivernais*, à l'est. Cette province porta d'abord le titre de comté, puis de duché à partir de 1538. Elle appartint longtemps aux comtes de Flandre, ensuite aux ducs de Bourgogne, enfin aux maisons de Clèves et de Mantoue; Mazarin l'acheta du duc de Mantoue en 1659. A la mort de ce ministre, le duché passa à son neveu, et revint à la couronne, par réversion, en 1665.

Le Berri, ainsi appelé des *Bituriges*, ses anciens habitants, se divisait en *Haut-Berri*, à l'est, et *Bas-Berri*, à l'ouest; le premier comprenait la *Sologne berrichonne*.

Cette province avait le titre de comté, lorsqu'un de ses comtes, Hirpin, la vendit à Philippe Ier, en 1095. Elle ne fut plus désormais détachée de la couronne que pour servir d'apanage à des princes ou des princesse du sang; après la mort de la reine Louise, veuve de Henri III, à laquelle cet apanage appartenait, elle fut définitivement réunie au royaume, en 1601.

L'Orléanais tirait son nom de sa capitale, *Orléans*, qui devait elle-même le sien (anciennement *Aurelianum*) à l'empereur Aurélien. Il se divisait en *Orléanais propre*, *Beauce*, *Gâtinais orléanais*, *Blaisois*, *Sologne orléanaise*, et *Bas-Perche* ou *Perche orléanais*, appelé aussi *Perche-Gouet*. Cette province faisait partie des domaines de Hugues Capet, lors de l'avénement des Capétiens en 987, et elle a été, avec l'Ile-de-France, le berceau de la monarchie. Louis VI la purgea des petits seigneurs qui l'infestaient.

La Touraine a été ainsi nommée de sa capitale, *Tours*, et des anciens *Turons*. Elle renfermait, entre autres petits pays, la *Brenne*, au sud. Elle a appartenu, pendant les XIe et XIIe siècles, aux comtes de Chartres et de Blois, puis aux comtes d'Anjou, enfin à l'Angleterre par l'avénement de la maison d'Anjou. Philippe Auguste s'en empara en 1203. Henri III, roi d'Angleterre, céda définitivement cette province à saint Louis par le traité d'Abbeville (1259).

L'Anjou a pris ce nom d'*Angers*, sa capitale, et des anciens *Andécaves*, ses habitants. Il eut d'abord le titre de comté; il fut annexé aux possessions anglaises par l'avénement de Henri Plantagenet, l'un de ses comtes, à la couronne d'Angleterre; il fut confisqué par Philippe Auguste sur Jean sans Terre et ainsi réuni à la couronne de France; Louis VIII le laissa, avec le Maine, à Charles, son troisième fils, qui devint roi de Naples. Philippe de Valois s'en trouvait possesseur lors de son avénement (1328), et le réunit une seconde fois à la couronne; le roi Jean le donna à l'un de ses fils, Louis, qui devint le chef d'une seconde branche de rois de Naples de la maison d'Anjou. Le roi René, possesseur de l'Anjou et de la Provence, étant mort en 1480, Louis XI déclara l'Anjou réuni à la couronne.

Le Maine est ainsi appelé, ou des *Cénomans*, qui ont laissé leur nom au Mans, sa capitale, ou de la *Mayenne*, qui l'arrose. Il se divisait en trois parties : le *Haut-Maine*, à l'ouest, le *Bas-Maine*, à l'est, et le *Haut-Perche* ou *Grand-Perche*, au nord-est. Il suivit généralement le sort de l'Anjou, et fut réuni à la monarchie sous Louis XI, après la mort de Charles du Maine, neveu du roi René (1481); mais Henri II le donna en apanage à son fils Henri, qui, étant devenu roi, le céda à son frère le duc d'Alençon; après la mort de ce dernier, le Maine se trouva définitivement réuni à la couronne en 1584.

L'Auvergne, ainsi nommée des anciens *Arvernes*, se divisait en *Basse-Auvergne*, au nord, et *Haute-Auvergne*, au sud; la première renfermait au nord la *Limagne*, et au nord-ouest le pays de *Combrailles*, contenant lui-même le pays de *Franc-Alleu*. C'était, au moyen âge, un comté, qui se divisa, en 1155, en deux parties : le *comté d'Auvergne* et le *dauphiné d'Auvergne*, qui comprenait la Limagne. Le comté fut confisqué par Philippe Auguste; le dauphiné passa à la maison de Bourbon, et fut confisqué, avec le Bourbonnais, par François Ier. — Un deuxième comté d'Auvergne, formé au XIVe siècle, resta longtemps, avec le comté de Boulogne, au pouvoir de la maison de La Tour d'Auvergne, dont la dernière héritière le légua à Catherine de Médicis; il ne quitta plus désormais la famille des rois de France, mais il ne fut définitivement réuni à la couronne qu'en 1610, par l'avénement de Louis XIII, à qui il avait été cédé par Marguerite de Valois, fille de Catherine.

La Marche, dont le nom plus complet était *Marche limousine*, fut ainsi nommée de sa position sur la *limite* du Limousin, dont elle a fait longtemps partie. Elle se divisait en *Haute-Marche*, à l'est, et *Basse-Marche*, à l'ouest. Elle fut, au moyen âge, un comté, qui appartint à la maison de Lusignan, et que Philippe le Bel obtint par confiscation en 1309; il la légua à son fils Charles le Bel; elle passa ensuite dans la maison de Bourbon, et fut confisquée par François Ier.

Le Limousin, ainsi nommé des anciens *Lémovices*, faisait partie des domaines qu'Éléonore d'Aquitaine apporta en dot au roi d'Angleterre, Henri II; Philippe Auguste s'en empara en 1203; saint Louis le rendit aux Anglais en 1239; il fut reconquis sous Charles V, en 1365.

Le Poitou et Poitiers, sa capitale, ont pris leur nom des anciens *Pictons* ou *Pictaves*. Cette province était divisée en *Haut-Poitou*, à l'est, et *Bas-Poitou*, à l'ouest; on remarquait, parmi les petits pays du premier, la *Gâtine*, et, parmi ceux du second, le *Bocage*, la *Plaine* et le *Marais*. Elle passa dans les domaines du roi d'Angleterre Henri II, par son mariage avec Éléonore d'Aquitaine; Philippe Auguste la réunit à la France. Les Anglais en redevinrent maîtres après la bataille de Poitiers; elle fut reconquise sous Charles V, en 1373.

L'Aunis tire peut-être son nom de quelques *Alains* qui s'y seraient réfugiés au ve siècle, après leur défaite au bord de la Loire. C'était le plus petit des gouvernements généraux de la France. Il a suivi généralement le sort du Poitou, et rentra dans le domaine de la France sous Charles V.

La Saintonge a, comme Saintes, sa capitale, reçu son nom des anciens *Santons*; elle eut le sort des deux provinces précédentes, et fut aussi réunie sous Charles V, en 1373.

L'Angoumois devait son nom à sa capitale *Angoulême*, qui s'appelait elle-même dans l'origine, *Iculisma*. Cette province était, au moyen âge, le comté d'*Angoulême*, qui appartint à la maison de Lusignan, ainsi que la Marche, et qui fut réuni à la monarchie sous Philippe le Bel; devenu l'apanage de Louis d'Orléans, fils de Charles V, il passa dans la branche des seconds Valois; François Ier, issu de cette branche, en fit un duché qu'il donna à sa mère, et qu'il réunit à la couronne après la mort de celle-ci.

La Guienne répond à une portion considérable de l'Aquitaine des Romains et des premiers temps du moyen âge; son nom s'est formé probablement par la fusion du commencement du mot dans l'article : on a dit la *Quitaine*, puis la *Guitaine*, etc. Cette province comprenait le *Bordelais*, le *Médoc*, le *Bazadais*, le pays de *Born*, le *Périgord*, le *Quercy*, l'*Agenais*, le *Rouergue*, divisé en *Comté*, *Basse-Marche* et *Haute-Marche*. Elle avait été réunie un instant à la couronne par le mariage de Louis VII avec Éléonore; mais elle fut portée à l'Angleterre, en 1154, par la même princesse, lorsqu'elle épousa Henri II, elle fut enlevée aux Anglais par Charles VII; Louis XI la donna comme apanage à son frère Charles, à la mort duquel elle fut définitivement unie au domaine de la couronne, en 1472.

La Gascogne tirait son nom des anciens *Vascons*, peuple venu de l'Espagne. Elle renfermait un grand nombre de petits pays : à l'est, l'*Armagnac* (comprenant le *Fezenzac*, l'*Estarac* et le *Fezenzaguet*); — au nord, la *Lomagne*, le *Condomais*, le *Gabardan;* — au sud, le *Conserans* ou *Couserans*, le *Comminges*, les *Quatre-Vallées*, le *Nébouzan*, le *Magnoac*, le *Bigorre*; — à l'ouest, le *Tursan*, la *Chalosse*, le *Marsan*, les *Landes* (divisées en *Grandes Landes*, à l'ouest, et *Petites Landes*, y compris le pays d'*Albret*, à l'est), les *Marennes*, le *Labourd;* — au sud-ouest, la *Soule*, enclavée dans le Béan. Elle a constam-

avait suivi le sort de la Guienne depuis le XIe siècle, si ce n'est que certaines portions entrèrent dans les possessions de la maison d'Albret, puis de la maison de Bourbon, après le mariage de Jeanne d'Albret avec Antoine de Bourbon, et furent réunies à la couronne par l'avénement de Henri IV (1589). Le Comminges eut ses comtes particuliers, qui s'éteignirent en 1548, et il fut alors réuni à la couronne.

Le Béarn, ainsi nommé de l'ancienne ville de *Beneharnum* et du peuple des *Bénéharnais*, se composait de deux parties : le *Béarn proprement dit*, à l'est, et la *Basse-Navarre* ou la *Navarre française*, à l'ouest. Ces deux pays appartinrent à la maison d'Albret, puis à celle de Bourbon, et furent réunis à la couronne par l'avénement de Henri IV.

Le Comté de Foix, qui portait le nom de sa capitale, appartint aussi aux maisons d'Albret et de Bourbon, et fut réuni à la monarchie en même temps que le Béarn.

[illegible]

Provinces partagées entre les versants du golfe de Gascogne et de la Méditerranée. — Le nom de Languedoc (quelquefois *Occitanie*) comprenait d'abord tous les pays où l'on parlait la *langue d'oc* (mot qui signifie *oui*), c'est-à-dire toute la grande région renfermée entre l'océan, la Méditerranée, le Rhône et la Dordogne. On réduisit ensuite, vers le XIIIe siècle, l'étendue du Languedoc au territoire occupé par le *comté de Toulouse*, qui correspondait à peu près à l'ancienne *Septimanie*, province créée vers la décadence de l'empire Romain, et ainsi nommée de ses *sept* diocèses (Toulouse, Béziers, etc.).

Cette grande province se divisait en trois parties : 1° le *Haut-Languedoc* qui renfermait le *Toulousain*, l'*Albigeois*, le *Lauraguais*, et les pays de *Mirepoix*, de *Razès* et de *Carcassonne* ou de *Carcassès* ; — 2° le *Bas-Languedoc*, qui se composait des pays de *Narbonne*, de *Béziers*, de *Montpellier*, de *Nîmes* et d'*Uzès* ; — 3° les *Cévennes*, où se trouvaient le *Vivarais*, le *Velay*, le *Gévaudan* et le pays d'*Alais*. La partie orientale du Languedoc fut conquise par Louis VIII dans la guerre des Albigeois, et réunie à la couronne sous le nom de *Sénéchaussées de Beaucaire* et de *Carcassonne* : le reste, qui conserva le nom de *comté de Toulouse*, fut cédé à Alphonse de Poitiers par le traité de Meaux (1229) et passa, après sa mort (1270), à son neveu Philippe le Hardi.

Le LYONNAIS, ainsi nommé de sa capitale *Lyon*, était divisé en trois parties : le *Lyonnais* propre, le *Beaujolais* et le *Forez*. Le Lyonnais propre appartint longtemps aux archevêques de Lyon; par suite d'une scission entre la municipalité de la ville et le prélat, Philippe le Bel fit entrer ce pays sous le sceptre des rois de France en 1312. Le Beaujolais eut ses sires particuliers; le Forez eut ses comtes; ils finirent par tomber l'un et l'autre au pouvoir de la maison de Bourbon, et ils furent confisqués, en même temps que le Bourbonnais, par François Ier (1523).

Province partagée entre les versants de la Manche, du golfe de Gascogne et de la Méditerranée. — La BOURGOGNE doit son nom aux *Burgundes*, sortis de l'Allemagne dans le ve siècle. Elle comprenait, au nord, le *Dijonnais*, le pays de la *Montagne*, l'*Auxerrois*, l'*Auxois*; — à l'ouest, le *Morvan bourguignon* et l'*Autunois*; — au sud, le *Chalonnais*, le *Mâconnais*, le *Charollais*, le *Brionnais*. A la Bourgogne était annexée, pour former avec elle un gouvernement général, la *Bresse*, qui était divisée en *Bresse* propre, *Bresse chalonnaise*, *Dombes*, *Bugey* et pays de *Gex*.

Excepté la Bresse, ces diverses divisions composaient à peu près le *duché de Bourgogne*, qui fut si puissant au moyen âge, et qui, après avoir été incorporé déjà deux fois à la couronne, sous le roi Robert et sous le roi Jean, reprit une existence indépendante en 1363, acquit son plus grand éclat à la fin du XIVe siècle et dans le XVe, et réunit un nombre considérable de fiefs en Flandre, en Brabant, en Picardie, etc.; enfin, après la mort de Charles le Téméraire, qui ne laissait qu'une fille, il reunie à la couronne de France, comme fief masculin, sous Louis XI, en 1477.

La Bresse, le Bugey et le pays de Gex appartenaient depuis longtemps à la maison de Savoie, lorsque Charles-Emmanuel les céda à Henri IV, en 1601. La principauté de Dombes appartenait à la maison de Bourbon, et François Ier la confisqua après la mort du connétable; mais elle fut remise à Louis de Bourbon, duc de Montpensier, en 1560; Mlle de Montpensier la légua, en 1681, au duc du Maine, fils légitimé de Louis XIV; le comte d'Eu, fils de ce prince, l'échangea avec le roi, en 1762, contre différentes terres, et elle se trouva ainsi réunie à la couronne.

[illegible] du versant de la Méditerranée.—La Franche-Comté était divisée en quatre grands bailliages : *Amont*, *Aval*, *Besançon* et *Dôle*. Elle était répartie, dans les IXe et Xe siècles, entre les royaumes de Bourgogne transjurane et de Bourgogne cisjurane; elle fut comprise ensuite dans le royaume d'Arles, entra dans l'empire Germanique en 1032, et y demeura longtemps sous le nom de *comté de Bourgogne*; elle prit aussi, à cause des priviléges qu'on lui accorda, le nom de *Franche-Comté de Bourgogne*, puis, par abréviation, celui de *Franche-Comté*; enfin on la nomma encore *comté palatin de Bourgogne*. Elle fut un instant réunie à la couronne de France, au commencement du XIVe siècle, par le mariage de Jeanne, héritière de ce comté, avec Philippe le Long; Jeanne ayant ensuite épousé Eudes, duc de Bourgogne, en 1322, la Franche-Comté entra dans le duché de Bourgogne, auquel elle fut unie presque sans interruption jusqu'en 1477; mais, à la mort de Charles le Téméraire, elle fut, comme fief germanique et féminin, apportée à l'empire d'Allemagne et à la maison d'Autriche par le mariage de Marie, fille de ce duc, avec l'empereur Maximilien. Elle fut incorporée par Charles-Quint dans le *cercle de Bourgogne*, qui était formé généralement des Pays-Bas, possédés autrefois par la maison de Bourgogne; elle passa, après cet empereur, sous la domination de

son petit-fils Philippe II, roi d'Espagne; Louis XIV la conquit sur les Espagnols en 1668, mais la rendit presque immédiatement, à la paix d'Aix-la-Chapelle; il s'en empara de nouveau en 1674, et la garda définitivement par le traité de Nimègue (1679).

Le DAUPHINÉ reçut ce nom des chefs du Viennois, qui s'appelaient *Dauphins*, par allusion au dauphin dont plusieurs de ces seigneurs avaient coutume d'orner leur casque. Il se divisait en *Haut-Dauphiné* et *Bas-Dauphiné*; le premier comprenait, entre autres petits pays, le *Grésivaudan*, le *Briançonnais*, le *Champsaur*, l'*Embrunais*, le *Gapençais*, les *Baronnies*; le second comprenait le *Viennois*, le *Valentinois*, le *Royans* ou *Royanez*, le *Diois*, le *Tricastin*, et la *principauté d'Orange*, qui était enclavée dans l'État d'Avignon. Le comté ou dauphiné de Vienne ou d'Albon s'était formé d'une partie du royaume d'Arles. Le dernier héritier de ce pays, Humbert II, le céda à Jean, fils de Philippe de Valois, à condition que le fils aîné des rois de France prendrait le nom de *Dauphin*; la réunion du Dauphiné à la couronne eut ainsi lieu en 1355. Cependant la principauté d'Orange ne fut réunie à la France qu'en 1714, par Louis XIV, après l'extinction de la branche de la maison de Nassau qui la possédait depuis le XVIe siècle.

L'ÉTAT D'AVIGNON était une province dépendante des papes avant la révolution de 1789. Il se divisait en deux parties: 1° le *Comtat d'Avignon*, comprenant la ville d'Avignon et un très-petit territoire voisin; 2° le *Comtat Venaissin*, qui tirait son nom de *Vénasque*, sa première capitale, mais qui eut plus longtemps pour capitale Carpentras. Le Comtat Venaissin appartenait au comté de Toulouse, lorsque Alphonse, frère de saint Louis, épousa l'héritière de ce comté; après la mort de ce prince, Philippe le Hardi réunit le Comtat à la couronne, mais le céda peu de temps après au pape Grégoire X, en 1273. Avignon fut d'abord partagé, à la mort d'Alphonse, entre Philippe le Hardi et Charles d'Anjou, son oncle, comte de Provence; celui-ci finit par en être seul possesseur;

enfin les papes, qui vinrent s'y fixer en 1309, l'achetèrent en 1348 de la comtesse de Provence, Jeanne de Sicile. Les deux divisions, réunies désormais, formèrent l'État ou la province d'Avignon, qui dépendit des papes jusqu'en 1791 ; alors un décret de l'Assemblée législative les déclara territoire français et en forma le département de Vaucluse.

La Provence a été ainsi nommée de ce que c'était une partie importante de la *Province* romaine de la Gaule, conquise par les Romains dès le IIe siècle avant Jésus-Christ. Elle était divisée en *Haute-Provence*, au nord, et *Basse-Provence* au sud. Elle fit partie du royaume de Bourgogne cisjurane, puis du royaume d'Arles, et entra, en 1033, dans l'empire d'Allemagne, tout en conservant ses comtes particuliers. Au XIIIe siècle Charles d'Anjou, frère de saint Louis et roi de Naples, ayant épousé l'héritière de ce comté, devint maître de la Provence, qui se trouva ainsi longtemps unie aux États siciliens. En 1481, à la mort d'un autre Charles d'Anjou, comte du Maine, neveu du *bon roi* René, qui légua sa souveraineté à Louis XI, cette province se trouva annexée au domaine royal ; mais la réunion ne fut définitivement prononcée qu'en 1487.

Le Roussillon doit son nom à l'ancienne ville de *Ruscino*, aujourd'hui ruinée, près de Perpignan. Il était divisé en *Roussillon propre*, au nord, et *Cerdagne française*, au sud. Les rois d'Aragon le possédaient, lorsque Louis XI l'acheta en 1462 ; Charles VIII le rendit, en 1493, par le traité de Narbonne, à Ferdinand d'Aragon, et il resta attaché à l'Espagne jusqu'en 1642, époque où il fut conquis par Louis XIII ; le traité des Pyrénées, en 1659, le réunit définitivement à la France.

La Corse appartenait depuis longtemps aux Génois, quand Paoli chercha à l'ériger en république indépendante, en 1755. Gènes, ne pouvant soumettre les Corses insurgés, vendit, en 1768, ses droits à la France, qui s'empara de l'île, après quelque résistance, une année avant la naissance de Napoléon.

CHAPITRE IX.

DÉPARTEMENTS.

Origine et but de la division de la France en départements. — La France fut divisée, en 1790, par l'Assemblée nationale, en *départements*, divisions plus nombreuses que les provinces, plus uniformes dans leur étendue, plus faciles à administrer, et propres surtout à faire disparaître l'esprit local et les mœurs particulières et tranchées des diverses provinces, pour les fondre en un seul caractère national.

Il n'y eut d'abord que 83 départements, parce que le département de Vaucluse ne fut formé qu'en 1791 ; qu'au lieu des départements du Rhône et de la Loire, il n'y en avait qu'un, nommé *Rhône-et-Loire*, et que Tarn-et-Garonne ne fut créé que sous l'Empire, aux dépens des départements voisins. En 1812, à l'apogée de la puissance de Napoléon, il y en avait cent trente, sans compter les vingt-quatre départements du royaume d'Italie, gouvernés par un vice-roi sous la dépendance de l'empereur des Français. Aujourd'hui le nombre des départements est de quatre-vingt-six ; chaque département est partagé en *arrondissements ;* l'un de ces arrondissements a toujours pour chef-lieu la *préfecture*, c'est-à-dire le chef-lieu du département ; les autres ont pour chefs-lieux des *sous-préfectures*.

Départements et villes principales du versant de la mer du Nord.

1° Bassin du Rhin.

Le ***département du Haut-Rhin*** (494 000 habitants), formé de la partie méridionale de l'ancienne Alsace, et séparé de l'Allemagne, à l'est, par le Rhin, est limité à l'ouest par les Vosges, et touche vers le sud à la Suisse; il est traversé du sud au nord par le canal du Rhône au Rhin, par l'Ill et par le chemin de fer de Bâle à Strasbourg. Il est montagneux à l'ouest et au sud, plat ailleurs, généralement riche et bien cultivé en céréales et en vins, et animé par une grande industrie manufacturière.

Chef-lieu : *Colmar*, près de l'Ill et du chemin de fer de Strasbourg à Bâle; fabriques de draps et de toiles peintes; 16 500 habitants[1] (21 000). Patrie du graveur Martin Schœn, des deux Pfeffel, du général Rapp.

Sous-préfectures : *Béfort* ou *Belfort*, place très-forte, à l'ouest du col de Valdieu. — *Altkirch*, sur l'Ill.

Autres lieux remarquables : *Mulhouse* ou *Mulhausen*, sur l'Ill, sur le canal du Rhône au Rhin, et sur le chemin de fer de Strasbourg à Bâle; fabriques de toiles peintes; [illegible] habitants. — *Thann*, ville très-industrieuse. — *Sainte-Marie aux Mines*; mines de plomb, d'argent et de cuivre. — *Neuf-Brisach*, place forte, près du Rhin. — *Ensisheim*, maison centrale de détention. — *Rouffach*, patrie du maréchal Lefebvre.

Le ***département du Bas-Rhin*** (587 000 habitants), formé du nord de l'ancienne Alsace, est le plus oriental de la France. Il offre de belles plaines, cultivées en céréales, en garance, en houblon, en lin et en tabac. La Lauter, au nord, et le Rhin, à l'est, le séparent de l'Allemagne. L'Ill et le canal du Rhône au Rhin le parcourent du sud au nord. La Moder, la Zorn et la Bruche l'arrosent de l'ouest à l'est, en portant leurs eaux à l'Ill

1. La population que nous donnons ici aux villes de France est, en nombres ronds, celle du recensement de 1851; elle ne comprend pas les étrangers, les militaires, les marins, etc., mais seulement la population normale ou municipale, agglomérée, et sans y renfermer, par conséquent, les hameaux épars qui dépendent des communes. Quand la différence entre la population *normale agglomérée* et la population *totale* est très-considérable, nous faisons connaître cette dernière entre parenthèses. Nous n'indiquons pas la population des villes de moins de 10 000 habitants.

ou au Rhin. L'industrie y est active, et l'aspect du pays est généralement animé et agréable.

Chef-lieu : *Strasbourg* (anc. *Argentoratum*) sur l'Ill, sur le canal de l'Est et près du Rhin, à la tête d'un double chemin de fer dirigé sur Paris et sur Bâle; place très-forte; belle cathédrale avec une flèche haute de 144 mètres; 65 000 habitants (75 000); invention de l'imprimerie en 1436, par Gutenberg et Schœffer; patrie des généraux Kléber et Kellermann, des savants Brunck, Oberlin et Schweighæuser, et du poëte Andrieux.

Sous-préfectures : *Wissembourg* (en allemand *Weissenburg*,), place forte, sur la Lauter; célèbre par les lignes qui longent cette rivière jusqu'au Rhin, et qui furent le théâtre de grandes opérations militaires en 1793. — *Saverne* (en allemand *Zabern*), sur la Zorn; château célèbre, où l'on vient de fonder un asile pour les veuves des fonctionnaires de l'État. — *Schlestadt*, *Schlestat* ou *Sélestat* (en allemand *Schlettstadt*); place forte, sur l'Ill et sur le chemin de fer de Strasbourg à Bâle; invention du vernis à poterie en 1280; 10 000 habitants.

Autres lieux remarquables: ***Haguenau***, récemment fortifiée; bataille de 1793, où Hoche et Pichegru vainquirent les Autrichiens. — ***Mutzig***, manufacture d'armes à feu. — ***Lauterbourg***, place forte, importante par sa position à l'angle nord-est de la France, et cependant peu défendue. — ***La Petite-Pierre*** (en allemand ***Lutzelstein***), petite ville fortifiée, au milieu des Vosges. — ***Bischwiller***, ***Bouxwiller***, intéressantes par leur industrie. — ***Barr***, entourée de beaux vignobles. — ***Molsheim***, manufacture d'armes blanches; patrie du général Westermann.

Le **département des Vosges** (427 000 habitants), formé de la partie méridionale de l'ancienne Lorraine, est couvert à l'est par les montagnes dont il porte le nom et au sud par les monts Faucilles. La Meuse, la Moselle, la Meurthe, la Sarre et la Saône l'arrosent; c'est un des pays de la France les plus riches en pâturages, en forêts,

ses sites riants et pittoresques. Il y a, dans les montagnes, de nombreuses et belles papeteries.

Chef-lieu : *Épinal*, sur la Moselle ; 10 000 habitants.

Sous-préfectures : *Saint-Dié*, sur la Meurthe. — *Remiremont*, sur la Moselle. — *Mirecourt* ; fabriques d'instruments de musique et de dentelles. — *Neufchâteau*, près de la Meuse.

Autres lieux remarquables : *Domremy*, village, patrie de Jeanne d'Arc. — *Rambervillers*, ville très-industrieuse ; [illegible]. — *Gérardmer* ; trois petits lacs pittoresques ; fromages renommés. — *Plombières*, *Contrexeville* et *Bussang*, eaux minérales renommées. — *Fontenoy-le-Château* ; patrie de Gilbert.

Le département de la Meurthe (450 000 habitants), formé de la Lorraine propre et du Toulois, est industrieux et riche. Il abonde en belles forêts, en céréales, en vins et en établissements d'industrie. La Moselle et deux de ses affluents, la Meurthe et la Sarre, en sont les principales rivières et l'arrosent du sud au nord.

Chef-lieu : *Nancy*, très-belle ville, près de la Meurthe, sur le canal de la Marne au Rhin et sur le chemin de fer de Paris à Strasbourg ; place Stanislas, broderies et tapisseries renommées ; 39 000 habitants (45 000). Patrie du graveur Callot, du peintre Claude Gelée, dit *le Lorrain*, du poëte Saint-Lambert, de Mme de Graffigny, de l'agronome Mathieu de Dombasle, du général Drouot et du dessinateur Grandville.

Sous-préfectures : *Lunéville* ; 12 000 habitants (16 000) ; château des anciens ducs de Lorraine, qui fut la résidence du roi Stanislas, et qui est aujourd'hui un important quartier de cavalerie, avec de beaux jardins ; traité de paix de 1801 ; fabrique de faïence ; patrie du poëte Boufflers. — *Toul* (anc. *Tullum*), place forte irrégulièrement bastionnée et en mauvais état, sur la Moselle et sur le chemin de fer de Paris à Strasbourg ; patrie de Gouvion-Saint-Cyr et de l'amiral de Rigny. — *Château-*

Salins, dont le nom vient de ses salines. — *Sarrebourg*, sur la Sarre et sur le chemin de fer de Strasbourg.

Autres lieux remarquables : *Dieuze*, sur le canal des Salines; renommée par ses grandes salines. — *Vic*, au milieu de vastes bancs de sel gemme. — *Pont-à-Mousson*, sur la Moselle ; ancienne et célèbre université ; patrie de Duroc. — *Baccarat*, sur la Meurthe; manufacture de cristaux. — *Saint-Quirin* et *Cirey*, villages, avec une célèbre manufacture de glaces. — *Marsal*, place forte. — *Phalsbourg*, place forte, patrie du maréchal Lobau.

Le **département de la Moselle** (460 000 habitants), formé du pays Messin, qui était le nord de la Lorraine, s'étend le long de la frontière de la Prusse et du Luxembourg; il est remarquable par son industrie et sa richesse ; les céréales, les vins, les bois, les porcs, le fer, l'acier, en sont les principaux produits.

Chef-lieu : *Metz* (anc. *Divodurum*, puis *Mediomatrices* et *Mettis*), place très-forte, sur la Moselle ; unie par un chemin de fer à la Prusse rhénane et à la ligne de Paris à Strasbourg; belle cathédrale ; 43 500 habitants (57 000). Siége brillant soutenu par François de Guise contre Charles-Quint, en 1522 ; école d'application de l'artillerie et du génie; arsenal très-important. Patrie du maréchal Fabert, d'Ancillon, de Pilâtre des Roziers, de Custines, de P. L. Lacretelle, de Barbé-Marbois et de Rœderer.

Sous-préfectures : *Thionville*, jolie ville et place forte, sur la Moselle ; belles défenses de 1792 et 1814. — *Sarreguemines;* fabriques de faïence ; patrie de Montalivet. — *Briey*, dans une gorge des Ardennes orientales.

Autres lieux remarquables : *Bitche*, *Longwy*, *Sierck*, places fortes. — *Forbach*, près de la frontière, sur le chemin de fer de Metz à Francfort.

2° Bassin de la Meuse.

Le **département de la Meuse** (329 000 habitants), formé

Barrois, du Verdunois et du Clermontois (partie de l'Argonne), qui étaient compris dans la Lorraine, s'allonge du nord au sud, et touche vers le nord à la frontière de Belgique; il est traversé du sud au nord par la Meuse et arrosé au sud-ouest par l'Ornain. C'est un pays inégal, en grande partie couvert de forêts et de montagnes, qui appartiennent aux deux chaînes des Ardennes et de l'Argonne et à leurs ramifications. Les vins, les grains, le bois, le fer, les chevaux et les porcs en sont les principales richesses.

Chef-lieu : *Bar-le-Duc*, sur l'Ornain, sur le canal de la Marne au Rhin et sur le chemin de fer de Paris à Strasbourg; 14000 habitants; confitures estimées; patrie des généraux Oudinot et Exelmans.

Sous-préfectures : *Montmédy*, place forte, sur le Chiers. — *Verdun* (anc. *Verodunum*), sur la Meuse; 10 000 habitants; dragées renommées; patrie de Chevert et de Beauzée. — *Commercy*, sur la Meuse; patrie de dom Calmet.

Autres lieux remarquables : *Varennes-en-Argonne* ; arrestation de Louis XVI, en 1791. — *Clermont-en-Argonne*, ancienne capitale du Clermontois. — *Saint-Mihiel*, sur la Meuse. — *Vaucouleurs*, près de la Meuse; souvenir de Jeanne d'Arc; patrie de Claude Delisle et de Vosgien. — *Ligny*, sur l'Ornain et sur le canal de la Marne au Rhin; combat de 1814, et rencontre des souverains de Russie, d'Autriche et de Prusse en 1815[1]. — *Stenay*, sur la Meuse; ancienne place forte. — *Damvillers*, patrie du maréchal Gérard.

Le *département des Ardennes* (331 000 habitants), limitrophe de la Belgique, a été formé du nord de la Champagne, c'est-à-dire du Réthelois et de la principauté de Sedan; il est parsemé de montagnes et de forêts, et offre deux belles vallées : celle de la Meuse, à l'est et au nord, et celle de l'Aîne, au sud. Les mines de fer, les carrières

1. Il ne faut pas confondre ce Ligny avec un autre situé en Belgique, près de Fleurus, et célèbre par une bataille en 1815.

d'ardoise et de marbre y abondent; l'industrie manufacturière y est fort active.

Chef-lieu : *Mézières*, petite ville, mais place très-forte, sur la Meuse; brillamment défendue par Bayard contre l'armée de Charles-Quint, en 1521; belle résistance contre les alliés, en 1815. Ancienne école du génie, qui a produit d'Arçon, Meunier, Carnot, Monge; patrie du médecin Corvisart et du géographe Lapie.

Sous-préfectures : *Sedan*, place forte, sur la Meuse; 11 000 habitants (17 000); fabriques de beaux draps; patrie de Turenne et de Macdonald. — *Rocroi*, place forte, dans une position très-élevée; victoire de Condé sur les Espagnols, en 1643. — *Rethel*, sur l'Aîne; victoire de Turenne sur les Frondeurs, en 1650; patrie de Gerson. — *Vouziers*, ville fortifiée, sur l'Aîne.

Autres lieux remarquables : *Givet*, place forte, sur la Meuse; fabriques de colle forte et de cire à cacheter; patrie du musicien Méhul. — *Fumay*, sur la Meuse; carrières d'ardoise. — *Charleville*, sur la Meuse, très-près de Mézières, qu'elle surpasse en étendue. — *Grand-Pré*, où Dumouriez arrêta les Prussiens en 1793. — *Attigny*, résidence royale sous les deux premières races. — *Carignan*, sur le Chiers; nommée autrefois *Yvoy*, elle reçut son nom actuel d'une branche de la maison de Savoie dont elle devint la possession.

3° Bassin de l'Escaut.

Le **département du Nord** (1 158 000 habitants), formé de la Flandre, et placé à l'extrémité septentrionale du territoire français, est le plus riche, le mieux cultivé de la France, et le plus peuplé après celui qui renferme Paris; il s'allonge considérablement du nord-ouest au sud-est, mais il a peu de largeur; il touche à la mer du Nord vers le nord-ouest, à la Belgique vers le nord, et il est arrosé par l'Escaut, la Scarpe, la Lys et de nombreux canaux. Le sol en est très-uni et admirablement fertile, excepté au nord-ouest, où sont les dunes de la côte et les marais de la Grande et de la Petite Moere. Il produit en abondance du blé, du lin, du colza, du houblon, du tabac. Chef-lieu : *Lille*, en flamand *Ryssel*, place très-forte, sur la Deule, et à la bifurcation des chemins de fer qui, de Paris, vont à Gand et à Dunkerque; fabriques de dentelles, de velours et de toiles; belle citadelle élevée par Vauban; plusieurs siéges brillamment soutenus, particulièrement en 1708 et 1792; 68500 habitants (76 000); patrie du géographe Gossellin et du traducteur Defauconpret.

Sous-préfectures : *Dunkerque*, place forte et port de mer, à la tête d'un chemin de fer; patrie de Jean Bart et de Guilleminot; 19000 habitants; prise par Turenne sur les Espagnols en 1658. — *Hazebrouck*, à la jonction de chemins de fer se rendant à Lille, à Dunkerque, à Calais. — *Douai*, place forte; fabriques de toiles; fonderie de canons, arsenal; école d'artillerie; patrie du statuaire Jean de Bologne et du jurisconsulte Merlin; 1[illegible]000 habitants. — *Cambrai* (anc. *Camaracum*), place forte, sur l'Escaut; illustrée par le séjour de Fénelon, qui en fut archevêque; fabriques de toiles; 15 000 habitants; patrie du chroniqueur Monstrelet, du général Dumouriez et du maréchal Mortier; traité de 1529, entre François Ier et Charles-Quint; belle défense en 1793. — *Valenciennes* (anc. *Valentianæ*), place forte, sur l'Escaut et sur le chemin de fer de Paris à Bruxelles; fabriques de dentelles et de toiles; mines de charbon de terre; 18 000 habitants; défense héroïque de 1793; patrie de Froissart et de Watteau. — *Avênes*, place forte.

Autres lieux remarquables : *Gravelines*, place forte et port de mer, vers l'embouchure de l'Aa. — *Bailleul*; 10 000 habitants. — *Bergues*, place forte. — *Cassel*; trois batailles livrées par trois Philippe de France. — *Hondschoote*; victoire des Français sur les Autrichiens en 1793. — *Roubaix* et *Tourcoing*, villes de 20 000 habitants, remarquables par leurs fabriques de toutes sortes de tissus; bataille de Tourcoing, gagnée par Moreau, en 1796. — *Armentières*, ville industrieuse, sur la Lys et sur la frontière même de la Belgique. — *Commines*, partagée par la Lys en deux parties, l'une française, l'autre belge; patrie de l'historien Philippe de Commines. — *Saint-Amand;* eaux minérales. — *Condé*, place forte, sur l'Escaut. — *Bouchain*, *Le Quénoy*, *Landrecies*, places fortes. — *Maubeuge*, autre place forte; manufacture d'armes; assiégée vainement par les alliés en 1814. — *Wattignies*, bataille gagnée par Jourdan en 1793. — *Denain*; victoire de Villars, en 1712, et riches mines de houille. — *Bouvines*, victoire de Philippe Auguste, en 1214. — *Anzin*; importantes houillères. — *Loos*, ancienne abbaye, qui est aujourd'hui une maison centrale de détention. — *Le Cateau-Cambrésis*, ville manufacturière; traité de 1559 entre la France et l'Espagne. — *Malplaquet*; victoire de Marlborough et du prince Eugène sur les Français, en 1709.

Le **département du Pas-de-Calais** (693 000 habitants) a été formé de l'Artois, du Calaisis, du Boulonnais et d'une partie du Ponthieu; il est baigné par la Manche et par le détroit auquel il doit son nom; c'est un pays plat, fertile, riche et bien peuplé, qui a les mêmes productions que le département du Nord. La Scarpe, la Lys et l'Aa l'arrosent au nord-est, et la Canche au sud-ouest.

Chef-lieu : *Arras* (anc. *Nemetacum* ou *Atrebates*), belle ville, place forte, sur le chemin de fer du Nord; beffroi remarquable; fabriques de batistes; 22 000 habitants.

Sous-préfectures : *Saint-Omer*, place forte, sur l'Aa et sur le chemin de fer de Lille à Calais; fabriques de draps; 19 000 habitants. — *Béthune*, place forte, sur un roc. — *Boulogne-sur-mer* (anc. *Bononia* ou *Gesoriacum*), port très-fréquenté et place forte, à la tête d'un chemin de fer; belle colonne, qui rappelle le camp de Napoléon et la flottille rassemblée contre l'Angleterre en 1804; 30 000 habitants; patrie de Daunou. — *Montreuil-sur-mer*, placée à quelque distance de la mer, sur la Canche et sur le chemin de fer de Boulogne; siéges fameux en 1537 et 1554. — *Saint-Pol*, brûlée par Charles-Quint en 1557.

Autres lieux remarquables : *Calais*, port de mer et

place forte, à la tête d'un chemin de fer; 10 000 habitants; prise par les Anglais en 1347, et reprise sur eux par François de Guise en 1558. — *Aire*, place forte. — *Ardres*, entrevue du camp du Drap d'Or entre François Ier et Henri VIII, en 1520. — *Azincourt*; victoire de Henri V d'Angleterre, en 1415.— *Lens*; victoire de Condé, en 1648. — *Hesdin*, place forte; patrie du fécond écrivain l'abbé Prévost. — *Bapaume*, autrefois fortifiée. — *Guinegate* ou *Enguinegate*; bataille de 1479, entre Maximilien et Louis XI, et bataille des *Éperons*, en 1513. — *Thérouanne*, ancienne place forte, ruinée par Charles-Quint, en 1553.

Départements et villes principales du versant de la Manche.

1° Bassin de la Somme.

Le ***département de la Somme*** (570 000 habitants) est un beau département, traversé de l'est à l'ouest par la rivière à laquelle il doit son nom, et baigné à l'ouest par la Manche. Il a été formé de la plus grande portion de la Picardie (c'est-à-dire de l'Amiénois, du Santerre, du Vimeu, du Ponthieu méridional, du Vermandois occidental) et d'une petite partie de l'Artois. L'agriculture y est fort avancée; on y récolte des grains, des fruits à cidre, du lin, des graines oléagineuses, des betteraves à sucre, et l'on exploite beaucoup de tourbe le long de la Somme.

Chef-lieu : *Amiens* (anc. *Samarobriva* , puis *Ambiani*), sur la Somme , près de la bifurcation du chemin de fer du Nord en deux branches , qui se rendent à Boulogne et à Douai ; belle cathédrale; citadelle ; fabriques de velours , de tapis et de casimirs ; patrie de Pierre l'Ermite, de Voiture, du savant Dufresne Du Cange, du poëte Gresset et de l'astronome Delambre ; 44 500 habitants (52 000) ; traité de 1802, entre la France et l'Angleterre.

Sous-préfecture : ***Abbeville***, sur la Somme et sur le chemin de fer de Boulogne ; fabriques de draps, de moquettes et de toiles ; patrie du géographe Nicolas Sanson, du compositeur Lesueur et du poëte Millevoye ; 13 000 habitants (19 000). — *Péronne*, place très-forte, sur la Somme ; vainement assiégée plusieurs fois par les Espagnols ; captivité de Charles le Simple et de Louis XI ; traité de Louis XI avec Charles le Téméraire, et de Henri III avec Henri de Guise. — *Doullens*, place très-forte, sur l'Authie. — *Montdidier*, patrie de Frédégonde, de Galland, de Langlès et du philanthrope Parmentier, qui a propagé la culture de la pomme de terre en France.

Autres lieux remarquables : *Saint-Valery-sur-Somme*, port de mer, d'où Guillaume le Conquérant fit voile pour l'Angleterre en 1066. — *Ham*, patrie du général Foy ; château fort, qui a été le lieu de captivité de plusieurs prisonniers célèbres. — *Roye* ; commerce de grains. — *Albert*, autrefois *Ancre* ; souterrains curieux. — *Corbie* et *Saint-Ricquier*, connues par leurs anciennes abbayes. — *Picquigny*, sur la Somme ; paix de 1475, entre Louis XI et Édouard IV. — *Crécy* ; victoire d'Édouard III, roi d'Angleterre, en 1346 ; patrie du cardinal Lemoine. — *Testry* ; bataille de 687, entre Pépin d'Héristal et Thierry III.

2° Bassin de la Seine.

DÉPARTEMENTS TRAVERSÉS PAR LA SEINE.

Le ***département de l'Aube*** (265 000 hab.), formé de la Champagne propre et d'une partie du nord de la Bourgogne, présente des cantons fertiles le long de l'Aube et de la Seine, qui le traversent du sud-est au nord-ouest ; mais il renferme à l'ouest de grandes plaines stériles, qui font partie de l'ancienne Champagne Pouilleuse : une des productions principales de cette triste contrée est la craie connue sous le nom de blanc de Troyes ou d'Espagne.

Chef-lieu : *Troyes* (anc. *Augustobona* ou *Tricasses*), sur la Seine, à l'extrémité d'un chemin de fer qui l'unit à Paris ; fabriques de toiles et de bonneterie ; papeterie ; 26 000 hab. ; belle cathédrale ; patrie du poëte Chrestiens, du pape Urbain IV, des Pithou, des Mignard, de Girar-

J. Juvénal des Ursins; traité de 1420, entre Henri V, roi d'Angleterre, et Charles VI.

Sous-préfectures : *Nogent-sur-Seine*, près de laquelle sont les ruines de l'abbaye du Paraclet. — *Bar-sur-Seine*, autrefois considérable, ruinée par les Anglais dans la guerre de Cent ans. — *Arcis-sur-Aube*; bataille de 1814; patrie de Danton. — *Bar-sur-Aube*; combat de 1814; patrie de Beugnot et de Dusommerard.

Autres lieux remarquables : *Brienne-le-Château* : ancienne école militaire, où Bonaparte a été élevé; bataille livrée par cet empereur en 1814; patrie du maréchal Valée. — *Clairvaux*; ancienne abbaye, dont saint Bernard fut le premier abbé, et qui a été transformée en une maison de détention. — *Méry*, où commence la navigation de la Seine.

Le ***département de Seine-et-Marne*** (345 000 hab.); formé de la Brie française, du Gâtinais français et d'une grande partie de la Brie champenoise, est arrosé par la Seine, l'Yonne et le Loing, au sud, et par la Marne, l'Ourcq et les deux Morins, au nord. Il est en général fertile et agréable, et a pour richesses principales les grains, les légumes, les vins, d'excellents raisins et d'autres fruits, des forêts, des carrières de pierres.

Chef-lieu : *Melun* (anc. *Melodunum*), sur la Seine et sur le chemin de fer de Paris à Lyon; patrie de Jacques Amyot; maison centrale de détention.

Sous-préfectures : *Meaux* (anc. *Jatinum*, puis *Meldi*), sur la Marne et sur le chemin de fer de Paris à Strasbourg; siége épiscopal de Bossuet; belle cathédrale gothique. — *Coulommiers*, sur le Grand Morin; ville agréable et industrieuse. — *Provins*; commerce de grains et de roses; antiquités; eaux minérales. — *Fontainebleau*, jolie ville, près de la Seine et du chemin de fer de Paris à Lyon; château et magnifique forêt.

Autres lieux remarquables : *La Ferté-sous-Jouarre*, sur la Marne; carrières de pierres meulières et grand commerce de meules de moulin. — *Lagny* et *Brie-Comte-*

Robert; commerce de grains. — ***Nemours***, sur le canal du Loing; a été un duché célèbre; patrie de Bezout; Mirabeau est né dans le voisinage. — ***Château-Landon***; carrières de pierres de construction. — ***Montereau***, au confluent de la Seine et de l'Yonne et à la bifurcation des chemins de fer de Lyon et de Troyes ; assassinat de Jean sans Peur, duc de Bourgogne, en 1419, et victoire de Napoléon, en 1814 ; patrie de l'architecte Pierre de Montereau.

Le ***département de la Seine*** (1 422 000 hab.), formé d'une partie de l'ancien petit pays de France et du Parisis, qui étaient le cœur de l'Ile-de-France, est le plus petit, mais le plus peuplé et le plus important de l'empire, parce qu'il renferme Paris. Il est de tous côtés environné par le département de Seine-et-Oise, dans la partie orientale duquel il est enclavé ; il a une forme à peu près circulaire, et il est arrosé du sud-est au nord-ouest par la Seine, qui y décrit deux grandes courbures; dans le sud-est coule la Marne, qui s'y joint à la Seine; dans le sud, la Bièvre. Les canaux de l'Ourcq, de Saint-Denis, Saint-Martin, circulent dans le nord ; le canal de Saint-Maur, au sud-est, rachète une courbure considérable de la Marne. Ce n'est pas un pays naturellement fertile, mais les travaux de l'homme l'ont partout embelli et fécondé. Le voisinage de la capitale y a fait naître de toutes parts de jolies maisons de campagne, de charmants jardins et d'agréables promenades. Il y a de grandes carrières de calcaire et de plâtre.

Chef-lieu : PARIS (anc. *Lutetia*, puis *Parisii*), capitale de la France, sur la Seine. Cette grande ville a 27 kilomètres de circuit et 996 000 hab. (1 053 000 avec les étrangers, les militaires, etc.). C'est la première capitale de l'Europe par la culture des lettres, des sciences et des arts, et par le nombre et la variété des monuments publics ; mais ce n'est que la quatrième pour l'étendue (après Londres, Moscou et Saint-Pétersbourg), et la seconde par la population (après Londres). Elle s'étend, a la forme d'un ovale allongé de l'ouest-nord-ouest à l'est-sud-est, sur les deux rives de la Seine et sur deux îles de ce fleuve, l'île de la Cité et l'île Saint-Louis; le canal Saint-Martin la traverse à l'est, et la Bièvre au sud-est. Son enceinte est marquée par un mur d'octroi, le long duquel règnent les tristes promenades des boulevards extérieurs; au delà est l'immense enceinte des fortifications, qui est couverte par seize forts détachés. Les boulevards intérieurs, qui sont sur l'emplacement des anciennes fortifications, décrivent dans la ville un vaste circuit, et sont divisés par la Seine en deux parties distinctes : les boulevards du nord, continuellement animés par un grand concours de monde, et les boulevards du midi, beaucoup moins vivants. — *Principaux lieux de promenade :* les boulevards, les Champs-Élysées, les jardins des Tuileries, du Luxembourg, des Plantes. — *Belles rues :* celles de la paix, de Castiglione, de Rivoli, etc. — *Places :* Vendôme, de la Concorde et du Carrousel; Champ de Mars. — *Palais :* les Tuileries, le Louvre, le Palais-Royal, l'Élysée, la Bourse, le palais du Luxembourg, le palais du Corps Législatif, le palais de Justice. — *Principales églises :* Notre-Dame, Sainte-Geneviève (Panthéon), Saint-Eustache, la Madeleine, Saint-Sulpice, Saint-Roch, Saint-Germain-l'Auxerrois. — *Principaux hospices et hôpitaux :* l'hôpital Saint-Louis, l'Hôtel-Dieu, l'hospice des Quinze-Vingts, la Salpêtrière, l'hôpital militaire du Val-de-Grâce avec une école de médecine et de pharmacie militaires. — *Établissements consacrés à la science et à l'instruction :* l'Observatoire, l'Institut, la Sorbonne (siége des facultés de théologie, des lettres et des sciences), le collége de France, l'école de Médecine, l'école de Droit, l'école des Mines, les Archives (avec l'école des Chartes), l'école de Pharmacie, l'école Polytechnique, l'école Normale, l'école des Beaux-Arts, l'école centrale des Arts et manufactures, le Muséum d'histoire naturelle, la Bibliothèque impériale (avec l'école des langues orientales), les bibliothèques Sainte-Geneviève, de l'Arsenal, Mazarine, etc.; le Conservatoire de musique, celui des Arts et métiers, les musées du Louvre, du Luxembourg, etc. — *Edifices divers* : l'hôtel de ville, l'hôtel des Invalides, l'École militaire, l'hôtel de la Monnaie, la colonne Vendôme, la colonne de Juillet, l'arc de triomphe de l'Étoile, les portes Saint-Denis, Saint-Martin. Parmi le grand nombre d'hommes illustres que Paris ou ses environs immédiats ont vus naître, on peut citer les Estienne, Matthieu Molé, le cardinal de Richelieu, Boileau, Molière, Malebranche, J. B. Rousseau, Regnard, Rollin, Beaumarchais, Laharpe, les Mansart, le grand Condé, Luxembourg, Catinat, le prince Eugène de Savoie, Voltaire, d'Alembert, Turgot, madame de Staël, les peintres Simon Vouet, Eustache Lesueur, Ch. Lebrun et L. David, le sculpteur J. Goujon, le voyageur La Condamine, l'astronome Clairaut, le chimiste Lavoisier, les géographes d'Anville, Guillaume Delisle, Fréret, Walckenaer.

Sous-préfectures : *Saint-Denis*; sur le canal du même nom, près de la Seine et du chemin de fer du Nord, avec d'importantes fortifications; belle église de l'ancienne abbaye, avec les tombeaux des rois; 12 000 hab. (16 000). — *Sceaux*, unie à Paris par un chemin de fer; manufacture de faïence; marché de bestiaux.

Autres lieux remarquables : *Vincennes*; beau bois, château fort, qui a été une résidence royale. — *Montreuil-sous-Bois*; pêches renommées et autres bons fruits en espaliers. — *Belleville* avec *Ménilmontant*; 34 000 hab. — *Charonne*; célèbre cimetière du Père Lachaise. — *Bercy*; commerce de vins; 11 000 hab. ; — *La Villette*; beau bassin, où aboutit le canal de l'Ourcq; 19 000 hab. — *La Chapelle*; 18 500 hab. — *Montmartre*; carrières de plâtre; 19 000 hab. — *Batignolles-Monceaux*; 28 000 hab. — *Neuilly-sur-Seine*; ancien château; 16,000 hab. — *Nanterre*; patrie de sainte Geneviève. — *Passy*; eaux minérales. — *Boulogne*; donne son nom à un beau bois. — *Auteuil*, joli village, près du bois de Boulogne; ce fut la résidence de plusieurs poëtes célèbres, entre autres Boileau, La Fontaine, Molière. — *Grenelle*; dans une [illegible] du même nom. — *Vaugirard*; 13 000 hab. [illegible] 14 000 hab.; hospice de Bicêtre. — *Arcueil*; [illegible] — *Choisy-le-Roi*; fabriques de maro[illegible] de faïence, de verre, de produits chimiques. — [illegible], au confluent de la Marne et de la Seine; [illegible] d'aliénés. — *Alfort*; école vétérinaire.

[illegible] *de Seine-et-Oise* (472 000 hab.) a été [illegible] des anciens pays de l'Ile-de-France [illegible] les noms de Mantais, Vexin français, [illegible] de France, Parisis, Hurepoix. Le sol n'y est [illegible] fertile, mais une culture très-perfec[illegible] lui fait produire beaucoup de grains, de fruits, de [illegible], de vins (il est vrai de très-médiocre qualité). La [illegible] le traverse du sud-est au nord-ouest; l'Oise l'arrose au nord, et l'Essonne au sud; la Marne le coupe à l'est.

Chef-lieu : *Versailles*, belle ville, sur un plateau, à la [illegible] de deux chemins de fer partant de la rive droite [illegible] la rive gauche de la Seine, à Paris; grand et admi[illegible] château, qui, bâti par Louis XIV, fut la résidence [illegible] depuis ce monarque jusqu'en 1789, et où se [illegible] aujourd'hui un précieux musée historique établi par Louis-Philippe; jardin et parc superbes, avec les châ[illegible] du Grand et du Petit Trianon; 29 000 hab. (35 000). [illegible] des généraux Hoche, Berthier, Gourgaud, du poète Ducis, du graveur Houdon, de l'abbé de l'Épée et du botaniste L. Richard.

Sous-préfectures : *Pontoise* (anc. *Briva Isaræ*), sur [illegible]; commerce de blé; ancien château où ont résidé des rois de France. Patrie de Villon, de Deguignes et du [illegible] Leclerc. — *Mantes*, surnommée *la Jolie*, sur la Seine, [illegible] sur le chemin de fer de Rouen. Près de là est le château de *Rosny*, patrie du ministre Sully. — *Rambouillet*; château et forêt. — *Étampes*; commerce de grains et de farine; patrie d'Ét. Geoffroy Saint-Hilaire. — *Corbeil*, sur la Seine, au confluent de l'Essonne, et à la tête d'un chemin de fer qui se rattache à celui de Paris à Orléans; même commerce.

Autres lieux remarquables : ***Sèvres***, sur la Seine ; manufacture de porcelaine. — ***Meudon*** ; château célèbre, sur une hauteur d'où l'on jouit d'une vue admirable. — ***Bellevue***, sur le chemin de fer de la rive gauche ; jolie situation. — *Saint-Cloud*, sur la Seine et sur le chemin de fer de la rive droite ; joli château et parc. — ***Marly***, sur la Seine ; machine pour conduire les eaux à Versailles. — *Saint-Germain-en-Laye*, près de la Seine et à la tête d'un chemin de fer qui se rattache à celui de Paris à Rouen ; château ; belle forêt ; lieu de naissance de Louis XIV ; 10 000 hab. — *Poissy*, sur la Seine et sur le chemin de fer de Paris à Rouen ; lieu de naissance de saint Louis[1] ; grand marché de bestiaux. — ***Meulan***, sur la Seine et sur le chemin de fer de Rouen ; autrefois fortifiée, et connue par plusieurs siéges. — ***Montmorency***, qui rappelle une illustre famille ; cerises renommées. — ***Enghien*** ; eaux minérales et joli lac. — ***Saint-Cyr***, dans le voisinage de Versailles ; école militaire. — ***Rueil*** ; ancien château royal qui fut la demeure de la cour pendant la Fronde, et château de la Malmaison, où habita l'impératrice Joséphine. — *Écouen* ; beau château, où habitèrent des Montmorency et des Condé, et où Napoléon établit une maison d'éducation sous la direction de Mme Campan. — *Grignon* ; école d'agriculture. — *Dourdan* ; patrie de La Bruyère. — *Saint-Clair-sur-Epte* ; traité de 912, par lequel Charles le Simple céda la Normandie à Rollon.

Le ***département de l'Eure*** (416 000 hab.) a été formé des anciens pays normands d'Évreux, de Roumois, d'Ouche et d'une partie du Vexin normand. Il est traversé par la Seine à l'est, par l'Eure et l'Iton vers le milieu, et touche vers le nord-ouest à l'estuaire de la Seine. C'est un pays très-fertile, et l'un des plus florissants de la France par l'agriculture et l'industrie manufacturière ; il

1. Cependant, d'après quelques documents, ce roi serait né à La Neuville (Oise).

[illegible] céréales, des fourrages, des forêts, de beaux troupeaux de chevaux et de bœufs.

Chef-lieu : *Évreux* (anc. *Mediolanum*, puis *Eburovices*), sur l'Iton, affluent de l'Eure ; belle cathédrale ; 10 000 habitants.

Sous-préfectures : *Louviers* (au moyen âge, *Luparia*), sur l'Eure ; fabriques de beaux draps ; 10 000 hab. — *Pont-Audemer*, sur la Rille, avec un port ; tanneries renommées. — *Bernay*, grand commerce de chevaux, patrie du poëte Alexandre. — *Les Andelys*, sur la Seine ; patrie du savant Turnèbe et du peintre Nicolas Poussin ; ruines du château Gaillard.

Autres lieux remarquables : *Gisors*, célèbre autrefois dans les guerres entre les Français et les Anglais. — *Verneuil* ; victoire des Anglais en 1424. — *Ivry-sur-Eure* ; victoire de Henri IV, en 1590. — *Vernon*, autrefois plus importante, sur la Seine et sur le chemin de fer de Paris à Rouen. — *Quillebeuf*, sur la Seine, dont le passage est dangereux en cet endroit. — *Cocherel* ; bataille de 1364, gagnée par Duguesclin sur Charles le Mauvais.

Le département de la Seine-Inférieure (762 000 hab.), formé des pays de Caux et de Bray et d'une partie du Vexin normand, est l'un des plus beaux, des plus industrieux et des plus commerçants de la France. Il s'étend le long de la Manche, vers laquelle il s'avance en pointe, au nord de l'embouchure de la Seine ; ce fleuve le traverse au sud en y faisant de grandes sinuosités, et y acquiert une largeur considérable ; on y remarque, deux fois par jour, le phénomène de la *barre*, causé, à chaque mouvement du flux, par la lutte des eaux qui descendent et de celles qui remontent. Celles-ci triomphent cependant, se présentent sous la forme d'une vague énorme, s'avancent avec bruit, et renversent violemment tout ce qui s'oppose à leur passage.

Chef-lieu : *Rouen* (anc. *Rotomagus*), dans une belle situation, en amphithéâtre, sur la Seine et sur un chemin de fer qui l'unit à Paris et au Havre ; port très-fréquenté ;

belles églises gothiques (entre autres la cathédrale et Saint-Ouen); ancien et curieux palais de justice; place où Jeanne d'Arc fut brûlée; beaucoup de teintureries; on y fait des toiles de coton nommées *rouenneries* et de la faïence renommée; patrie des deux Corneille, de Fontenelle, des peintres Jouvenet et Géricault, du musicien Boïeldieu, des physiciens Valmont de Bomare et Dulong, du grammairien Gueroult : 92 000 habitants (100 000). Environs très-riants et parsemés de bourgs et de villages industrieux.

Sous-préfectures : *Le Havre*, port de mer et place forte, à l'embouchure de la Seine, à la tête d'un chemin de fer; c'est le port de Paris et la place de commerce la plus importante que la France aît sur l'Océan; beaux bassins pour les navires; patrie des Scudéry, de Mme de La Fayette, de Bernardin de Saint-Pierre et de Casimir Delavigne; 26 000 hab. (40 000 en y comprenant *Ingouville*). — *Dieppe*, port de mer, à l'embouchure de l'Arques et à l'extrémité d'un chemin de fer qui se rattache à celui de Rouen au Havre; fabriques de dentelles et de jolis ouvrages en ivoire; patrie du célèbre armateur Ange et de Duquesne; 16 000 hab. — *Yvetot*, sur le chemin de fer de Rouen au Havre; 10 000 hab. — *Neufchâtel-en-Bray*; fromages renommés.

Autres lieux remarquables : *Eu*, château et parc, avec un port formé par la Brêle canalisée. — *Le Tréport*, port de mer à l'embouchure de la Brêle. — *Arques*; bataille gagnée par Henri IV, en 1589; ruines d'un château pittoresque; patrie du naturaliste De Blainville. — *Saint-Valery-en-Caux* et *Fécamp* (10 000 hab.), ports de mer. — *Harfleur*, célèbre dans l'histoire des guerres avec les Anglais, sur la Seine. — *Lillebonne* (anc. *Juliobona*); antiquités. — *Bolbec*; fabriques de toiles de coton; 10 000 hab. — *Caudebec*, sur la Seine, près des belles ruines de l'abbaye de Saint-Wandrille. — *Darnetal*, très-près de Rouen; industrie très-importante pour les lainages et les cotons. — *Elbeuf*, sur la Seine; fabriques de draps; 18 000 hab. — *Gournay;* beurre renommé. — *Forges*; eaux minérales. — *Aumale*, autrefois *Albemarle*, [illegible] capitale d'un comté célèbre; combat de 1592, entre Henri IV et le duc de Parme.

[illegible] DE LA MARNE ET DE L'OISE, AFFLUENTS DE DROITE DE [illegible]

Le département de la Haute-Marne (268 000 hab.), formé du Bassigny et du Vallage, deux pays de la Champagne, offre au sud quelques montagnes et le plateau de Langres. La Marne, la Meuse et l'Aube prennent leurs sources dans ce pays élevé. Le nord est plat, les bois et les fers sont des produits importants de ce département.

Chef-lieu : *Chaumont*, jolie ville, sur la Marne; ganterie renommée. Les alliés y signèrent, en 1814, un traité par lequel ils s'engageaient de ne déposer les armes qu'après avoir détrôné Napoléon. Patrie de Bouchardon.

— Sous-préfectures : *Langres* (anc. *Andomatunum*, puis *Lingones*), place de guerre, près de la source de la Marne; [illegible], dans une position stratégique importante; coutellerie renommée; patrie de Diderot. — *Vussy*; massacre des protestants en 1562.

Autres lieux remarquables : *Saint-Dizier*, sur la Marne, qui y devient navigable; combat du 27 janvier et du 26 mars 1814. — *Joinville*, sur la Marne; ancien château célèbre; rappelle le souvenir du sire de Joinville, historien de saint Louis. — *Bourbonne-les-Bains*; eaux minérales. — *Nogent-le-Roi*; coutellerie. — *Andelot*; célèbre congrès de 587, entre plusieurs rois francs et leurs leudes.

Le département de la Marne (373 000 hab.), situé dans le cœur de l'ancienne Champagne, est formé du nord de la Champagne propre et du Perthois, du Rémois et de l'Argonne champenoise; il est très-fertile et très-agréable sur les bords de la Marne, qui le traverse de l'ouest à l'est; mais il offre au sud de grandes plaines stériles; la Vêle l'arrose au nord, et l'Aine au nord-est. Il produit des vins renommés.

Chef-lieu : *Châlons-sur-Marne* (anc. *Catalauni*), sur le chemin de fer de Paris à Strasbourg; très-importante au moyen âge; école d'arts et métiers; **14 000 hab.** Cette ville fut la base des opérations militaires de Napoléon en 1814.

Sous-préfectures : *Reims* (anc. *Durocortorum*, puis *Remi*), sur la Vêle et sur le canal de l'Aîne à la Marne; belle cathédrale, où l'on sacrait les rois de France, curieuse église de Saint-Remi; fabriques d'étamines et de casimirs; biscuits, commerce de vins de champagne, etc.; patrie du grand ministre Colbert, de l'historien Velly et du général Drouot d'Erlon; 43 000 hab. — *Épernay*, sur la Marne et sur le chemin de fer de Paris à Strasbourg; commerce de vins. — *Vitry-le-François*[1], place fortifiée, sur la Marne et sur le chemin de fer de Strasbourg; brûlée par Louis VII en 1144, par Charles-Quint en 1544, et rebâtie par François Ier à quelque distance. — *Sainte-Menehould*, sur l'Aîne.

Autres lieux remarquables : *Aï*, près de la Marne; vins renommés. — *Montmirail*; carrières de pierres meulières; victoire de Napoléon en 1814. Patrie du cardinal Paul de Retz. — *Valmy*; victoire des Français sur les Prussiens en 1792. — *Champaubert*; victoire de Napoléon sur les alliés en 1814. — *Fère-Champenoise*; victoire des alliés sur les Français en 1814. — *Vertus*; vins renommés. Patrie d'Eust. Deschamps. — *Sézanne*; tanneries et mégisseries; prise d'assaut par les Anglais en 1423, et par les calvinistes en 1566.

Le ***département de l'Aîne***[2] (559 000 hab.) a été formé du Laonnais, du Soissonnais, de la Thiérache, d'une partie du Vermandois et du nord de la Brie champenoise. Il touche, au nord-est, par une pointe seulement, à la frontière de Belgique; il est traversé, de l'est à l'ouest, par l'Oise au nord, l'Aîne au milieu, et la Marne au sud.

1. Cette ville a été ainsi nommée en l'honneur de François Ier. C'est donc à tort qu'on l'appelle ordinairement *Vitry-le-Français*.

2. On a établi l'usage très-convenable de supprimer l'*s*, et de la remplacer par un accent circonflexe, dans les mots *île*, *Nîmes*, etc. Il nous a semblé rationnel de faire une réforme semblable pour le mot *Aîne*, que, suivant une orthographe surannée, on écrit encore généralement *Aisne*.

L'Oise, l'Escaut et la Somme l'arrosent, en outre, au nord-ouest, et l'Ourcq au sud ; il possède plusieurs canaux : celui de Saint-Quentin, le canal Crozat, le canal de la Sambre, etc. C'est un des pays les plus fertiles de France, et il est agréablement coupé de vallées, de collines, de plateaux et de plaines. Les principaux produits sont les céréales, les plantes oléagineuses, les betteraves à sucre, les vins (d'une qualité médiocre), d'excellents légumes, des fruits à cidre, des bois.

Chef-lieu : *Laon* (dans les premiers temps du moyen âge *Lugdunum Clavatum*, ensuite *Laudunum*), ville fortifiée, sur une montagne ; commerce de grains : 10 000 hab. Cette ville, autrefois très-importante et très-forte, a été le séjour des derniers rois carlovingiens. Elle fut plusieurs fois assiégée pendant les guerres des Armagnacs et des Bourguignons. Napoléon y livra une bataille en 1814, et elle se défendit brillamment contre les alliés en 1815. Patrie de l'astronome Méchain et du maréchal Serrurier.

4 Sous-préfectures : *Saint-Quentin*, sur la Somme, sur le canal de Saint-Quentin et sur un chemin de fer qui se rattache à celui du Nord ; fabriques de basins, de gazes, de mousselines et de batistes ; bataille de 1557, gagnée par les Espagnols sur les Français. Patrie d'Omer Talon, de Charlevoix, du peintre La Tour. Ramus, Condorcet et les deux Saint-Simon sont nés dans le voisinage. 25 000 hab. — *Vervins* ; traité de 1598, entre Henri IV et Philippe II. — *Soissons* (anc. *Augusta Suessionum*), sur l'Aîne ; commerce de blé et de légumes estimés ; ancienne capitale d'un royaume du même nom ; victoire de Clovis sur les Romains, en 486, et de Hugues le Grand sur Charles le Simple, en 922. Louis le Débonnaire y fut enfermé dans le couvent de Saint-Médard. Le sort de la campagne de 1814 s'y est décidé. — *Château-Thierry*, sur la Marne et sur le chemin de fer de Strasbourg ; trois fois pillée par les alliés en 1814, et bataille gagnée par Napoléon la même année ; patrie de La Fontaine.

Autres lieux remarquables : *Guise*, place forte et ancienne capitale d'un duché célèbre, sur l'Oise. Patrie de

Camille Desmoulins et de l'historien Lesur. — *La Fère*, autre place forte, sur la même rivière; école d'artillerie et arsenal militaire; belle défense en 1815. — *Chauny*, ville manufacturière, aussi sur l'Oise. — *Saint-Gobain*; manufacture de glaces.— *La Ferté-Milon*; patrie de Racine. — *Villers-Cotterets*; forêt célèbre; patrie de Demoustier. — *Coucy*; belle forêt; ruines du château fort des sires de Coucy. — *Prémontré*; ancienne abbaye célèbre, aujourd'hui grande verrerie.

Le *département de l'Oise* (404 000 habitants) est arrosé par l'Oise, l'Aîne, le Thérain et la Nonette; il offre, surtout au sud-est, un aspect agréable, beaucoup de jolis sites et de belles forêts. Il a été formé du Beauvaisis, du Noyonnais et du Valois.

Chef-lieu : *Beauvais* (anc. *Cæsaromagus* et *Bellovaci*), sur le Thérain, affluent de l'Oise; belle cathédrale, manufacture de tapis; 13 000 habitants; défense courageuse de Jeanne Hachette contre les Bourguignons, en 1472; patrie du grand-maître de Malte, Philippe Villiers de l'Ile-Adam.

Sous-préfectures : *Clermont*, sur le chemin de fer du Nord; ancien château, servant de maison centrale de détention; patrie du médecin et astronome Fernel. — *Compiègne*, vers le confluent de l'Oise et de l'Aîne et sur le chemin de fer de Paris à Saint-Quentin; 11 000 habitants; château, forêt, bel hôtel de ville, patrie de Pierre d'Ailly. — *Senlis* (anc. *Augustomagus* et *Silvanectes*), sur la Nonette; très-ancienne ville; commerce de grains.

Autres lieux remarquables : *Chantilly;* fabriques de dentelles et de blondes; porcelaine; château, en partie démoli, des anciens princes de Condé; belle forêt; souvenir des Montmorency. — *Ermenonville* et *Morfontaine*, villages avec châteaux et parcs agréables; le premier rappelle le séjour et la mort de J. J. Rousseau, et le second un traité entre la France et les États-Unis en 1800. — *Noyon* (*Noviomagus Veromanduorum*, ensuite *Noviomum*), sur l'Oise et sur le chemin de fer de Saint-Quentin : pa-

[illegible] du réformateur Calvin, du poète Maucroix, du sta[illegible] Sarazin et du physicien Nollet. — *Creil*, sur [illegible], vers la bifurcation des chemins de fer du Nord et de Saint-Quentin ; fabriques de porcelaine et de [illegible]. — [illegible], fabriques de tabletterie. — *Lian[illegible]*, grande industrie pour les tissus. — *Crépy-en-[illegible]*[1] [illegible] de 1544, entre François Ier et Charles-[illegible] [illegible], verrerie ; les rois de Neustrie y avaient un [illegible], et il s'y est tenu plusieurs conciles aux VIIIe et [illegible] siècles.

[illegible]

Le département de l'Yonne ([illegible] 000 habitants) est traversé du sud au nord par la rivière à laquelle il doit son nom. L'Armançon, affluent de l'Yonne, et le canal de Bourgogne parcourent la partie orientale du pays. Il y a dans ce département beaucoup de forêts et de vignobles. Le sud appartient à l'ancienne Bourgogne (Auxerrois) et à l'ancien Nivernais (Morvan), et le nord à la Champagne (Sénonais).

Chef-lieu : *Auxerre* (anc. *Autissiodurum*), sur l'Yonne; commerce de vins ; 12 000 habitants ; patrie de saint Germain l'Auxerrois, de l'abbé Lebœuf et du mathématicien Fourier.

Sous-préfectures : *Sens* (anc. *Agedincum* ou *Agendicum*, ensuite *Senones*), ville très-ancienne, sur l'Yonne et par le chemin de fer de Paris à Lyon ; belle cathédrale ; 11 000 habitants ; patrie du peintre J. Cousin. — *Joigny*, sur l'Yonne et sur le même chemin de fer ; vins renommés. — *Tonnerre*, aussi sur le chemin de fer de Lyon et sur l'Armançon ; excellents vins. — *Avallon*, patrie de l'historien Charles Cousin.

Autres lieux remarquables : *Villeneuve-sur-Yonne*. — *Chablis*, vins blancs renommés. — *Arcy*, grottes célè-

(1) Ne pas confondre avec *Crépy-en-Laonnais*, dans le département de l'Aisne.

bres. — *Vézelay*; ancienne abbaye; saint Bernard y prêcha la deuxième croisade en 1146; patrie de Théodore de Bèze. — *Cravant*; bataille de 1423, entre les Français et les Anglais. — *Fontanet* ou *Fontenay*; bataille de 841, entre les fils de Louis le Débonnaire.

Le **département d'Eure-et-Loir** (295 000 habitants) correspond à l'ancienne Beauce et à une partie du Perche et du Mantais. C'est un pays riche, célèbre surtout par ses abondantes récoltes d'excellent blé, mais plat et monotone. L'Eure y coule vers le nord, et le Loir vers le sud.

Chef-lieu : *Chartres* (anc. *Autricum*, ensuite *Carnutes*), sur l'Eure; belle cathédrale; commerce de grains; 16 000 habitants; patrie du poëte Regnier, de l'historien Félibien, du philosophe P. Nicole, de l'homme d'État Pétion et du général Marceau.

Sous-préfectures : *Dreux* (anc. *Durocasses*, puis *Drocæ*); bataille de 1562, entre les catholiques et les protestants; sépulture de la famille d'Orléans; patrie du poëte Rotrou. — *Châteaudun*, sur le Loir. — *Nogent-le-Rotrou*.

Autres lieux remarquables : *Maintenon*; beau château, que Louis XIV donna à la dame qui a porté le nom de cette ville; patrie du poëte Collin d'Harleville. — *Auneau*; défaite des reîtres, en 1587. — *Brétigny*; traité de 1360, entre le roi Jean et les Anglais.

3° Bassins de l'Orne, de la Vire, de la Sée, de la Sélune, de la Rance, du Gouet, etc.

Le **département de l'Orne** (440 000 habitants) correspond à une partie du Grand-Perche et aux pays normands des Marches, de Houlme et de Bocage. Il est arrosé au nord par l'Orne, et au sud par la Sarthe; ses principales richesses sont des chevaux renommés, des fruits à cidre, du chanvre, des bois, du fer.

Chef-lieu : *Alençon*, sur la Sarthe; fabriques de dentelles nommées *points d'Alençon;* cristaux de roche (diapoints d'Alençon); 13 000 habitants; cette ville a été le siège d'un duché célèbre au xve siècle; patrie du mathématicien Bourdon.

Sous-préfectures : *Argentan*, sur l'Orne; fabriques de dentelles; patrie du médecin Desgenettes; Mézeray est né dans le voisinage. — *Domfront*, autrefois place forte, sur un rocher escarpé. — *Mortagne*; fabriques de toiles; pillée vingt-deux fois pendant les guerres de la Ligue.

Autres lieux remarquables : *Laigle*; grandes fabriques d'épingles et d'aiguilles. — *Séez* (anc. *Saii* et *Sagium*); siège cathédrale; patrie du chimiste Conté et de Charlotte Corday. — *Tinchebrai*; bataille de 1106, entre Henri Ier d'Angleterre et son frère Robert. — *Bellême*, près d'une forêt célèbre. — *Bagnoles*, près de Domfront; sources minérales très-fréquentées. — *Le Pin*, à peu de distance d'Argentan; haras célèbre et école des haras.

Le département du Calvados (491 000 hab.), formé de la partie de la Basse-Normandie qui comprenait la Campagne de Caen, le Bessin, le pays d'Auge et le Lieuvin, est traversé du sud au nord par l'Orne, la Dives et la Touques, et arrosé à l'ouest par la Vire. Il s'étend le long de la côte méridionale du golfe de la Seine, depuis l'embouchure du fleuve de ce nom jusqu'à celle de la Vire; il doit son nom à une chaîne de récifs qui s'étend le long de sa côte. Le sol est fertile en bons pâturages, qui nourrissent des bestiaux renommés.

Chef-lieu : *Caen*, ville industrieuse, commerçante, et célèbre aussi par la culture des sciences et des lettres; sur l'Orne, qu'un canal longe de la mer à cette ville, en formant un port propre aux bâtiments de 200 tonneaux; patrie des poëtes Malherbe, Segrais et Malfilâtre, et du musicien Choron; 39 000 habitants (45 000).

Sous-préfectures : *Pont-l'Évêque*, sur la Touques; le mathématicien Laplace est né dans le voisinage. — *Lisieux*, sur la même rivière; fabriques de lainages et de toiles; 12 000 habitants. — *Falaise*; teintureries, fabriques de bonneterie; foires du faubourg de Guibray;

10 000 habitants; lieu de naissance de Guillaume le Conquérant. — *Vire*, sur la rivière du même nom; fabriques de draps; patrie des poëtes Basselin, Castel et Chênedollé, et de l'agronome Duhamel. — *Bayeux* (anc. *Aregenus*, puis *Bajocasses*); patrie du poëte Alain Chartier.

Autres lieux remarquables : *Honfleur*, port sur la Seine, presque en face du Havre; jolie situation. — *Isigny*, à l'embouchure de la Vire; beurre et cidre renommés. — *Condé-sur-Noireau*; patrie de Dumont d'Urville. — *Formigny*, village près de Bayeux; victoire mémorable de Charles VII sur les Anglais, en 1450. — *Trouville*, petit port, à l'embouchure de la Touques.

Le **département de la Manche** (601 000 hab.) s'allonge du nord au sud, et s'avance dans la mer à laquelle il doit son nom; il se compose en grande partie de la presqu'île du Cotentin et de l'Avranchin. C'est un pays fertile, surtout en bons pâturages. La Vire l'arrose à l'est, la Douve au nord, la Sée et la Sélune au sud. La pointe de Barfleur et le cap de La Hague terminent, au nord-est et au nord-ouest, la presqu'île; près de la côte orientale sont les trois îlots de *Saint-Marcouf*, protégés par un fort, qui fut pris par les Anglais en 1793 et rendu par eux en 1820.

Chef-lieu : *Saint-Lô*, sur la Vire, dans une situation agréable; belle cathédrale.

Sous-préfectures : *Cherbourg*, la ville la plus importante du département, avec un port militaire et un port de commerce séparés : le premier, creusé dans le roc, est un magnifique ouvrage défendu par une enceinte bastionnée. La rade, qui a la forme d'un croissant et qui peut contenir 400 vaisseaux, est défendue par les forts de l'île Pelée, d'Artois et de Querqueville; 23 000 habitants (28 000). — *Valognes* (anc. *Crociatonum*); antiquités; patrie de Vicq d'Azyr. — *Coutances* (anc. *Constantia* et *Unelli*), ville très-ancienne; belle cathédrale; patrie du consul Ch.-Fr. Lebrun. — *Avranches* (anc. *Ingena*, puis *Abrincatui* et *Abrincæ*); fabriques de bougies et de toiles;

[illegible]; patrie du général Valhubert. — *Mortain*; fabriques de toiles et de poterie de grès.

Autres lieux remarquables : *Granville*, port de mer et place forte. — *Mont-Saint-Michel*, montagne et village, tour à tour environnés par la mer et par une plaine de sable, selon que la marée est haute ou basse; château fort au sommet de la montagne. — *Carentan*, petit port situé à l'embouchure de la Taute et de la Douve. — *Saint-Vaast-de-La-Hougue*, port fortifié et assez commerçant, sur la belle rade de *La Hougue* ou *La Hogue*, qui est protégée par le fort du même nom et par l'île fortifiée de Tatihou, et à côté de laquelle s'avance le cap de La Hougue, célèbre par la bataille navale de 1692.

Le **département des Côtes-du-Nord** (623 000 hab.), nommé ainsi parce qu'il occupe les côtes du nord de la Bretagne, s'étend le long de la Manche, qui y forme l'anse de Saint-Brieuc. Les montagnes de Menez et d'Arrée le traversent de l'est à l'ouest. La Rance, qui l'arrose à l'est, en est la principale rivière. Le Gouet et le Trieuc l'arrosent au nord; l'Oust, affluent de la Vilaine, au sud. L'agriculture est arriérée; cependant on récolte beaucoup de lin et de chanvre; on élève des chevaux et des bœufs estimés, et l'industrie de la toile est très-active.

Chef-lieu : *Saint-Brieuc*, près de l'anse du même nom, sur le Gouet, à l'embouchure duquel est le Légué, qui sert de port à cette ville; fabriques de papier; 10 000 hab. (14 000).

Sous-préfectures : *Dinan*, ville commerçante et industrieuse, sur la Rance et à l'extrémité du canal d'Ille-et-Rance, avec un petit port; patrie de Duguesclin et de Duclos. — *Guingamp*; belle église; commerce de fil. — *Lannion*, sur le Guer, avec un petit port. — *Loudéac*; fabriques de toiles dites de Bretagne.

Autres lieux remarquables : *Lamballe*, ancien chef-lieu du duché de Penthièvre. — *Tréguier*, très-commerçante, avec un vaste et beau port, sur une rivière du même nom.

— *Paimpol*, petit port. — *La Roche-Derrien*; bataille de 1347, entre les maisons de Blois et de Montfort.

Départements et villes principales du versant de l'Atlantique proprement dit et du golfe de Gascogne.

1° Bassins de l'Élorn, de l'Aulne, de l'Odet, de l'Ellé, du Blavet et de la Vilaine.

Le ***département du Finisterre***[1] (618 000 hab.) tire son nom de sa position *à la fin de la terre* de France du côté de l'ouest. Il comprend la partie la plus occidentale de la *Basse-Bretagne*, où les descendants de la nation celtique des Bretons ont conservé la langue et les mœurs de leurs ancêtres. Les paysans bas-bretons sont francs, loyaux, hospitaliers; mais on leur reproche un entêtement très-opiniâtre, une indolence apathique, qui n'exclut pas un caractère impétueux et des passions violentes. Leur extérieur a beaucoup de rudesse, mais ils possèdent un fonds remarquable de bonté et de sensibilité. La nature présente aussi, dans cette partie reculée de notre France, des traits caractéristiques et fortement marqués : les côtes, composées de masses de granit, hérissées de caps nombreux, découpées par une multitude de petits golfes, bordées de beaucoup d'îlots et d'écueils, et souvent battues par une mer orageuse, offrent un aspect âpre et sauvage; l'intérieur est parsemé de montagnes couvertes de bruyères et d'une apparence triste.

La mer forme dans ce département deux enfoncements assez considérables, la rade de Brest et la baie de Douarnenez, entre lesquelles est resserrée la presqu'île de Crozon. La pointe Saint-Matthieu s'avance au nord-ouest de la première; la pointe du Raz, au sud-ouest de la seconde. A l'extrémité sud-ouest du département, s'offre la pointe de Penmarch, dont les rochers noirs et déchirés sont une des curiosités de la Bretagne.

1. On écrit souvent, à tort, Finistère; ce mot signifie *fin de la terre* (*finis terræ*); il indique la situation de ce département à l'extrémité occidentale de la France.

L'île d'Ouessant, aux côtes escarpées et de difficile abord, et l'île de Sein, habitée jadis par les prêtresses gallicènes et aujourd'hui par de pauvres pêcheurs, sont les principales îles de la côte du Finisterre. La première a un petit port et un château fort; elle est devenue célèbre par les batailles navales de 1778 et 1794.

Les montagnes d'Arrée et les montagnes Noires, qui s'y rattachent, s'étendent dans l'intérieur du pays. La rivière la plus considérable est l'Aulne ou la rivière de Châteaulin, qui va se jeter dans la rade de Brest. Ensuite on remarque la rivière de Morlaix et l'Élorn, au nord; l'Odet et de l'Ellé, au sud.

Chef-lieu : *Quimper-Corentin*, sur l'Odet, avec un port, à peu de distance de la mer; 10 000 hab.; patrie de Fréron et de Kerguelen.

Sous-préfectures : *Brest*, importante place forte et port militaire, le plus beau et le plus sûr de l'Europe; quais superbes; bel arsenal de marine, chantiers de construction, fonderie d'artillerie, rade immense, qui s'étend au sud de la ville, et où se jettent, au nord-est, l'Élorn, et, au sud-est, l'Aulne; 36 000 habitants (61 000, en y comprenant les marins, les condamnés du bagne[1], les étrangers, etc.). — *Morlaix*, vers la Manche, avec un port sur la rivière du même nom; patrie du général Moreau; 11 000 hab. — *Châteaulain*, port sur l'Aulne, à l'extrémité du canal de Nantes à Brest. — *Quimperlé*, port sur l'Ellé.

Autres lieux remarquables : *Saint-Paul-de-Léon*, près de la Manche. — *Roscoff*, port assez fréquenté, près de Saint-Pol. — *Le Huelgoat* et *Poullaouen*; importantes mines de plomb. — *Carhaix*, patrie de La Tour d'Auvergne. — *Concarneau*, petite place fortifiée et port, sur la côte sud du département.

Le **département du Morbihan** (478 000 hab.), sur la

1. Les condamnés du bagne ont été compris dans le recensement de 1851; mais aujourd'hui les bagnes sont abolis : les condamnés ont été dirigés généralement sur la Guyane.

côte sud-ouest de l'ancienne Bretagne, a des côtes fort découpées : le principal enfoncement qu'on y remarque est le Morbihan, dont le nom signifie en celtique *petite mer*; ce golfe est parsemé d'îles, dont les plus remarquables sont l'île aux Moines et l'île d'Arz. On trouve encore près de la côte du département l'île de Groix ou Groaix, connue par son beau froment, ses lentilles, la pêche des sardines, son fort de la Croix; et Belle-Ile, qui doit sans doute son nom à la douceur de son climat et à la fertilité de son territoire : elle est devenue un lieu de détention.

En face de Belle-Ile s'avance la presqu'île de Quiberon, fameuse par la défaite de l'armée des émigrés, en 1795.

Les principaux cours d'eau du département sont la Vilaine, avec l'Oust, son affluent, à l'est, et le Blavet à l'ouest. Le canal de Nantes à Brest traverse le pays.

Chef-lieu : *Vannes* (anc. *Dariorigum*, ensuite *Veneti*), port de mer, sur le golfe du Morbihan; commerce de blé et de sardines; 11 000 hab.

Sous-préfectures : *Lorient*, place forte, célèbre port militaire et de commerce, au confluent du Scorff et du Blavet, à 4 kilomètres de la mer; 21 000 hab. (26 000); école des ingénieurs de la marine. — *Pontivy* ou *Napoléonville*, ancien chef-lieu du duché de Rohan, sur le Blavet et sur le canal de Nantes à Brest; patrie du géographe Puillon de Boblaye. — *Ploërmel*, autrefois fortifiée et importante.

Autres lieux remarquables : *Port-Louis*, port de mer, à l'embouchure du Blavet. — *Auray*, sur une rivière du même nom, qui y forme un petit port; bataille de 1364, entre les comtes de Blois et de Montfort. — *Sarzeau*, près du golfe du Morbihan, sur la presqu'île de Rhuys; salines; patrie de Lesage, auteur de *Gil Blas*. — *Hennebon*, petit port sur le Blavet; siége soutenu par Jeanne de Montfort contre Charles de Blois, en 1341. — *Quiberon*, à l'extrémité de la presqu'île du même nom. — *Carnac*, connu par ses curieux monuments druidiques, vers l'isthme de la même presqu'île. — *Le Palais*, petite place pitale, chef-lieu de Belle-Ile. — *Rohan*, berceau de la famille de ce nom.

Le *département d'Ille-et-Vilaine* (575 000 habitants), formé d'une partie de la Haute-Bretagne, est baigné au nord par la Manche, qui s'y enfonce sous le nom de baie de Cancale; cependant la plus grande partie du pays est inclinée vers le golfe de Gascogne. La Vilaine et l'Ille, son affluent, le parcourent au milieu et au sud; la Rance l'arrose au nord-ouest, et le Couesnon au nord-est; le canal d'Ille-et-Rance le traverse à l'ouest. Le sol n'est pas généralement fertile : cependant on y voit de beaux pâturages, et l'on y fait du beurre renommé.

Chef-lieu : *Rennes* (anc. *Condate*, puis *Redones*), au confluent de l'Ille et de la Vilaine; blanchisseries de cire; commerce de toile et de beurre; 29 000 hab. (40 000); patrie de La Noue, de La Chalotais, de Lamothe-Piquet, de Lanjuinais, d'Amaury Duval et d'Alexandre Duval.

Sous-préfectures : *Saint-Malo* (au moyen âge *Macloviopolis* ou *Macloviium*, en l'honneur de saint Maclou), port de mer et place très-forte, sur l'île d'Aaron, à l'embouchure de la Rance; patrie de Jacques Cartier, de Duguay-Trouin, de Maupertuis, de La Bourdonnais, de Surcouf, de Broussais, de Chateaubriand et de Lamennais; 10 000 habitants. — *Fougères*, autrefois place très-forte. — *Vitré*, sur la Vilaine; château des Rochers, illustré par le séjour de Mme de Sévigné. — *Montfort-sur-Meu* ou *Montfort-la-Canne;* commerce de lin et de volaille. — *Redon*, sur la Vilaine et sur le canal de Nantes à Brest; avec un port.

Autres lieux remarquables : *Saint-Servan* (anc. *Aletum* ou *Aletha*), très-près de Saint-Malo, avec un port de commerce et un port militaire, sur la Rance; 10 000 habitants. — *Cancale*, sur la rade du même nom; huîtres renommées; son port se trouve à *La Houle*. — *Dol*, port et autrefois place très-forte, ancienne cathédrale; patrie du jurisconsulte Toullier. — *Saint-Aubin-du-Cormier;*

bataille de 1488, où le duc d'Orléans (depuis Louis XII) fut fait prisonnier.

2° Bassin de la Loire.

DÉPARTEMENTS TRAVERSÉS PAR LA LOIRE.

Le ***département de la Haute-Loire*** (305 000 hab.) correspond à l'ancien petit pays de Velay, compris dans le Languedoc. Les Cévennes, qui s'élèvent sur sa limite orientale, et les montagnes du Forez, qui le traversent, offrent des traces d'anciens volcans et donnent au pays un aspect pittoresque, mais sauvage. On y voit les énormes groupes basaltiques d'Expailly, des cascades nombreuses, des rochers de formes fantastiques. La Loire arrose la partie orientale, et l'Allier la partie occidentale.

Chef-lieu : *Le Puy* (anc. *Anicium* et *Civitas Vellavorum*, au moyen âge *Podium*), sur le mont Corneille, près de la Loire, dans un des sites les plus pittoresques; fabriques de dentelles et de blondes; 14 000 hab.

Sous-préfectures : *Yssengeaux* (anc. *Icidmagus*); commerce de blondes. — *Brioude*, sur l'Allier.

La famille Polignac et les généraux La Fayette et La Tour-Maubourg sont originaires de ce département.

Le ***département de la Loire*** (473 000 hab.) remplace à peu près l'ancien Forez, partie occidentale du Lyonnais; il est traversé du sud au nord par la Loire, dont la vallée est encaissée entre des montagnes assez élevées, qui appartiennent d'un côté aux Cévennes, de l'autre à la chaîne du Forez ; le Rhône limite le département au sud-est; des coteaux couverts d'excellents vignobles s'élèvent vers ce fleuve; ailleurs le sol n'est pas très-fertile, mais il y a de riches mines de houille. On y récolte des marrons renommés.

Chef-lieu : *Montbrison*, très-peu considérable, à la tête d'un chemin de fer qui se rattache à celui de Saint-Étienne à Roanne.

Sous-préfectures : *Saint-Étienne*, sur le Furand et sur un chemin de fer, qui l'unit à Lyon ; c'est une des villes les plus industrieuses de France : il y a des manufactures d'armes, des fabriques de quincaillerie, de coutellerie, de rubans et de lacets, et de riches mines de charbon de terre ; 54 000 habitants. — *Roanne*, sur la Loire, qui commence à être navigable un peu au-dessus de cette ville, à l'extrémité d'un chemin de fer qui l'unit à Saint-Étienne, et au commencement du canal de Roanne, qui est une partie du canal latéral de la Loire ; commerce actif ; 13 000 habitants.

Autres lieux remarquables : *Rive-de-Gier*, sur le canal de Givors, sur le chemin de fer de Saint-Étienne à Lyon et sur le Gier : mines de charbon de terre ; fabriques d'acier ; 12 000 habitants. — *Saint-Chamond*, sur le chemin de fer de Saint-Étienne à Lyon ; fabriques de rubans, de lacets et de clouterie ; mines de charbon de terre. — *Saint-Galmier* et *Saint-Alban* ; eaux minérales renommées. — *Feurs* (anc. *Forum Segusianorum*), très-ancienne ville, qui a donné son nom au Forez.

Le département de la Nièvre (327 000 hab.), formé de l'ancien Nivernais et d'une petite partie du Gâtinais orléanais, est arrosé par la Loire, la Nièvre, l'Allier et l'Yonne, et couvert à l'est par les montagnes du Morvan. Il y a de riches mines de fer et beaucoup de bois ; c'est dans le Nivernais qu'on a inventé le flottage à bûches perdues et en trains.

Chef-lieu : *Nevers* (anc. *Noviodunum* et *Nevirnum* ou *Nivernum*), sur la Loire, près du confluent de la Nièvre, à l'extrémité d'un chemin de fer, qui rattache cette ville à Bourges ; forges considérables et fonderie importante pour la marine ; commerce de fer, de quincaillerie, de bois, de porcelaine, de faïence et de vins ; 14 000 hab. (17 000). Patrie d'Adam Billaut, menuisier et poëte.

Sous-préfectures : *Clamecy*, sur l'Yonne et sur le canal du Nivernais ; commerce de bois et de charbon de bois. — *Château-Chinon*, sur l'Yonne, au milieu des montagnes du Morvan; même commerce. — *Cône* (anc. *Condate*), sur la Loire; coutellerie; fabriques d'ancres pour la marine, de quincaillerie et de clouterie. Commerce de fer.

Autres lieux remarquables : *Pouilly-sur-Loire*; vins blancs renommés. — *La Charité*, sur la Loire. — *Donzy*; forges importantes. — *Decize*, dans une île de la Loire, à la jonction du canal du Nivernais; houille, pierres meulières, forges; patrie de Guy Coquille. — *Imphy* et *Fourchambault*, près de Nevers sur la Loire, forges et hauts fourneaux très-importants. — *Guérigny*, sur la Nièvre; usines et forges de *La Chaussade*, pour la marine de l'État.

Le **département du Loiret** (341 000 habitants) a été formé de l'Orléanais propre, de la plus grande partie du Gâtinais orléanais et d'une partie de la Beauce, de la Sologne et du Berri. Il est traversé par la Loire, qui l'arrose de l'est à l'ouest. Ce fleuve y reçoit le Loiret, qui parcourt un pays charmant, et qui, malgré le peu d'étendue de son cours, est remarquable par l'abondance de ses eaux, dont la source principale se nomme le Bouillon; près de là est la petite rivière d'Huy, qui offre le phénomène singulier d'avoir une double direction : durant une partie de l'année elle tombe dans le Loiret; le reste du temps, elle devient une branche de ce dernier, s'en sépare, et s'engouffre dans un abîme, d'où elle se rend, suppose-t-on, dans la Loire. Les canaux d'Orléans, de Briare et du Loing, et les chemins de fer dont Orléans est le centre, sont très-importants pour ce pays, qui est riche en grains, vin et bois.

Chef-lieu : *Orléans* (anc. *Genabum*, puis *Aurelianum*), sur la Loire, à la jonction de trois chemins de fer; belle cathédrale: beau pont; fabriques de draps fins; raffineries de sucre; commerce de vin, de vinaigre et de bois; deux fameux siéges : en 450, par Attila, et en 1428, par les Anglais, que Jeanne d'Arc repoussa; ce fut la capitale d'un royaume du même nom, sous les Mérovingiens; elle a vu naître le jurisconsulte Pothier et le naturaliste Aug. de Saint-Hilaire; 43 000 hab. (47 000).

Sous-préfectures : *Montargis*, sur le Loing, vers la jonction des canaux du Loing, de Briare et d'Orléans; patrie du peintre Girodet. — *Pithiviers*, patrie du géomètre Poisson. — *Gien*, sur la Loire; combat de 1652, pendant la guerre de la Fronde.

Autres lieux remarquables : *Briare*, à la jonction du canal de ce nom et de la Loire. — *Sully-sur-Loire*; duché créé par Henri IV, en faveur de son ministre Sully. — *Olivet*, dans une agréable situation, sur le Loiret, près de la source remarquable de cette rivière. — *Beaugency*, sur la Loire; commerce de vins. — *Patay*; victoire de Jeanne d'Arc sur les Anglais, en 1429. — *Jargeau*, souvent assiégé au xvᵉ siècle. — *Vimory*; victoire du duc de Guise sur les reîtres, en 1585. — *Mehun ou Meung*, et *Lorris*; patrie, la première, de Jehan de Meung, et la seconde, de Guillaume de Lorris, auteurs du roman de *la Rose*. — *Châtillon-sur-Loing*; patrie de Coligny.

Le département de Loir-et-Cher (262 000 habitants), formé de l'ancien Blaisois, de l'ancien Vendômois et d'une partie de la Sologne, est traversé de l'est à l'ouest par le Loir, la Loire et le Cher; il a des parties très-fertiles et très-agréables au milieu et au nord; mais il comprend au sud une portion de l'ancienne Sologne, pays triste, pauvre et malsain, plein d'étangs, de landes et de sable.

Chef-lieu : *Blois*, sur la Loire et sur le chemin de fer d'Orléans à Tours; beau pont; ancien château, où naquit Louis XII, où résidèrent François Iᵉʳ, Charles IX et Henri III, où les Guise furent assassinés en 1588 et où la régence impériale se réfugia en 1814; 13 000 habitants; patrie de Papin et du jurisconsulte Pardessus.

Sous-préfectures : *Vendôme*, sur la Loire; patrie du poëte Ronsard. — *Romorantin*, ancienne capitale de la Sologne, au milieu d'un pays plein d'étangs et de landes; manufactures de draps; édit célèbre publié en 1560.

Autres lieux remarquables : *Saint-Aignan*, sur le Cher; berceau des ducs de Beauvilliers. — *Chambord*; beau château, élevé sous François Ier. — *Fréteval* ; victoire remportée par Richard Cœur de Lion, en 1194.

Le **département d'Indre-et-Loire** (316 000 habitants), formé de la Touraine et d'une petite partie de l'Orléanais, de l'Anjou et du Poitou, est arrosé par la Loire, l'Indre, le Cher, la Vienne et la Creuse. Le pays est fort beau, en général, et les bords de la Loire surtout y offrent les plus riantes campagnes et des cultures de vigne, d'arbres fruitiers, etc. Cependant une partie du département est encore occupée par quelques landes vers le sud, surtout dans ce qu'on appelle la Brenne.

Chef-lieu : *Tours* (anc. *Cæsarodunum*, puis *Turones*), sur la Loire, vers le confluent d'un bras du Cher, à la jonction de chemins de fer qui unissent cette ville à Paris, à Nantes et à Bordeaux ; superbe pont, belle cathédrale ; commerce de draps, de soieries, de fruits, etc. ; 30 000 habitants ; patrie du maréchal Boucicaut, de Montausier, et des écrivains Destouches, Bouilly et Honoré de Balzac ; bataille de 732, gagnée sur les Sarrasins. Près de là est l'emplacement du château du *Plessis-lès-Tours*, qui fut habité par Louis XI.

Sous-préfectures : *Chinon*, sur la Vienne ; ruines du château qui fut la résidence de Charles VII ; patrie de Rabelais. — *Loches*, sur l'Indre ; ancien château, où habita Agnès Sorel.

Autres lieux remarquables : *Amboise*, sur la Loire ; château agréablement placé, où séjournèrent Charles VII, Louis XI, Charles VIII et François II, et qui a été le lieu de captivité d'Abd-el-Kader. — *La Haye-Descartes*, sur la Creuse ; patrie du philosophe Descartes. — *Richelieu* ; fut le berceau de la famille Duplessis, dont est issu l'illustre cardinal de Richelieu, et fut embellie par ce ministre. — *Mettray*, près de Tours ; colonie agricole pour les jeunes condamnés. — *Chenonceaux* ; beau château sur le Cher, bâti par François Ier.

Le **département de Maine-et-Loire** (515 000 habitants)

correspond à l'ancien Anjou proprement dit et à la plus grande partie du Saumurois. La Loire le traverse de l'est à l'ouest, et le Maine, qui y coule au milieu, s'y forme de la réunion de la Mayenne et de la Sarthe; le Loir s'y jette dans cette dernière. C'est une contrée fertile, riche en [illegible], et où il y a une grande abondance de grains, de vin, de pâturages, avec des bœufs renommés. [illegible] : *Angers* (anc. *Juliomagus*, puis *Andecavi*), sur la Maine et sur le chemin de fer de Tours à Nantes; commerce de vin, de bestiaux et d'ardoises; vieux château, considéré comme place de guerre et qui a soutenu plusieurs siéges, entre autres contre les Vendéens, en 1793; 38 000 habitants (47 000); lieu de naissance du bon roi René, du jurisconsulte Bodin et du grammairien Ménage.

Sous-préfectures : *Saumur*, sur la Loire, dans une situation agréable; château servant de place de guerre; école de cavalerie; patrie de la savante Mme Dacier et d'A-[illegible] Dupetit-Thouars; 13 000 habitants. Les Vendéens la prirent en 1793 et y furent battus en 1794. — *Baugé*; bataille de 1421, entre les Français et les Anglais. — *Segré*; commerce de fil, de toile et d'ardoise. — *Beaupréau*; foires célèbres et grand commerce de bestiaux.

Autres lieux remarquables : *Chalonne*, sur la Loire; fabriques de mouchoirs. — *Cholet*; fabriques de toile et de mouchoirs; commerce de bœufs; défaite des Vendéens en 1793; 10 000 habitants. — *Saint-Florent*, sur la Loire; un des points où commencèrent les troubles de la Vendée. — *Les Ponts-de-Cé*, sur la Loire, au confluent de l'Authion, dans une position stratégique importante, qui l'a fait souvent citer dans l'histoire des guerres dont l'Anjou fut le théâtre, particulièrement en 1620 et 1793. *Fontevrault*, ancienne et célèbre abbaye, aujourd'hui maison de détention.

Le ***département de la Loire-Inférieure*** (536 000 habitants), formé de la partie méridionale de la Haute-Bretagne, est baigné à l'ouest par l'Océan. Il offre des campagnes fertiles et des sites charmants le long de ses principaux cours d'eau : la Loire, qui le traverse de l'est à l'ouest, la Sèvre nantaise et l'Erdre. On remarque au sud un des lacs les plus considérables de France, celui de Grand-Lieu, qui s'écoule dans la Loire par l'Achenau. Il y a de grands marais salants à l'ouest.

Chef-lieu : *Nantes* (anc. *Condivincum*, puis *Namnetes*), sur la Loire, au confluent de l'Erdre, qui vient du nord, et de la Sèvre nantaise, qui vient du sud, et sur un chemin de fer qui l'unit à Tours, à Orléans, etc. ; c'est une belle ville et un port très-commerçant ; c'est aussi un port militaire, mais seulement de troisième classe ; on y construit des corvettes, et l'on y tient les approvisionnements des ports militaires de l'Océan ; son vieux château compte parmi les places de guerre. Patrie de Cassard et de Cambronne. 86 000 habitants (96 000).

Sous-préfectures : *Paimbœuf*, port, sur la Loire, près de l'embouchure de ce fleuve. — *Savenay* ; marais salants. — *Châteaubriant* ; ancien et célèbre château. — *Ancenis*, petit port assez animé, sur la Loire et sur le chemin de fer de Nantes à Tours.

Autres lieux remarquables : *Guérande*, près de la mer ; traité de 1365, qui mit fin à la guerre de la succession de Bretagne. — *Saint-Nazaire*, à l'embouchure de la Loire. — *Clisson* ; a donné son nom à une famille célèbre, et a beaucoup souffert dans les guerres de la Vendée. Abailard est né près de là. — *Machecoul*, ancienne capitale du duché de Retz. — *Indre*, sur la Loire, à peu de distance au-dessous de Nantes ; il s'y trouve le port commerçant de la *Basse-Indre* et la petite île d'*Indret*, avec une célèbre usine de la marine de l'État. — *Le Croisic* et *Pornic*, petits ports de mer.

DÉPARTEMENTS DU BASSIN DE LA MAYENNE, AFFLUENT DE DROITE DE LA LOIRE.

Le ***département de la Sarthe*** (473 000 habitants) est traversé du nord au sud par la rivière dont il a pris le nom ; le Loir l'arrose au midi. Il correspond à la partie orientale du Maine et à une petite partie du nord de l'An-

Il n'y a pas de montagnes ; mais le pays est presque partout inégal, parsemé de coteaux, coupé de vallées et de ravins, et couvert d'un grand nombre de haies qui donnent à la contrée l'aspect d'une vaste forêt.

Chef-lieu : *le Mans* (anc. *Suindinum*, puis *Cenomani*), sur la Sarthe ; commerce de bougies, de toile et de volailles renommées ; 23 000 habitants (27 000).

Sous-préfectures : *Mamers* ; commerce de bestiaux et de [illegible] — *Saint-Calais*, jolie ville, assez industrieuse. — *La Flèche*, sur le Loir ; collége militaire.

Autres lieux remarquables : *Sablé*, sur la Sarthe ; traité conclu entre Charles VIII et la Bretagne, en 1488. — *Château-du-Loir* ; ville industrieuse.

Le ***département de la Mayenne*** (375 000 habitants) occupe la partie occidentale de l'ancien Maine et une partie du nord de l'Anjou ; il est traversé dans toute sa longueur, du nord au sud, par la rivière à laquelle il doit son nom ; le sol, parsemé d'ondulations, est fertile, et produit beaucoup de blé, de lin et de fruits. Le tissage des toiles est une industrie renommée de ce pays.

Chef-lieu : *Laval*, sur la Mayenne ; commerce de fil et de toile ; patrie d'Ambroise Paré ; 16 000 habitants.

Sous-préfectures : *Mayenne*, sur la rivière du même nom ; fabriques de toile ; a été le siége d'un duché fameux au XVIe siècle ; 10 000 habitants. — *Château-Gontier*, sur la Mayenne.

Autres lieux remarquables : *Craon*, connue par deux familles qui en ont porté le nom, et par la naissance de Volney. — *Ernée*, assez jolie ville.

DÉPARTEMENTS SUR LA RIVE GAUCHE DE LA LOIRE.

Le ***département de l'Allier*** (337 000 habitants), formé de l'ancien Bourbonnais, est traversé du sud au nord par la rivière à laquelle il doit son nom ; il est limité à l'est par la Loire et arrosé à l'ouest par le Cher. Quelques montagnes le couvrent à l'ouest ; les bords de l'Allier sont fertiles et riants ; la partie orientale a des plaines monotones.

Chef-lieu : ***Moulins***, sur l'Allier; patrie du maréchal de Villars et de D'Orvilliers ; magnifique tombeau du maréchal de Montmorency ; 15 000 habitants.

Sous-préfectures : ***Montluçon***, sur le Cher et sur le canal du Berri. — *Gannat ;* commerce de blé. — ***La Palisse***, ancien château de l'illustre guerrier Chabannes de La Palisse.

Autres lieux remarquables : ***Bourbon-l'Archambault ;*** eaux minérales; a donné son nom aux Bourbons et au Bourbonnais. — ***Vichy***, sur l'Allier; eaux minérales très-renommées. — *Saint-Pourçain*; vins estimés, patrie du philosophe Durand de Saint-Pourçain. — ***Néris***; eaux minérales. — *Commentry ;* exploitation importante de houille.

Le ***département du Cher*** (306 000 habitants), formé de la partie orientale du Berri, a de bons pâturages, de belles forêts et des mines d'excellent fer. Il est arrosé par le Cher, par l'Èvre ou Yèvre, son affluent, et par la Loire et l'Allier, qui forment la limite orientale. Le nord comprend une partie de la triste Sologne.

Chef-lieu : *Bourges* (anc. *Avaricum*, puis *Bituriges*), très-ancienne ville, au centre de la France, au confluent de l'Yèvre et de l'Auron, sur le chemin de fer du Centre et sur le canal du Berri ; belle cathédrale ; fabriques de draps et de toiles peintes; forges et hauts fourneaux ; commerce de laines; antiquités; siége de la cour de Charles VII pendant l'invasion des Anglais; fameuse constitution ecclésiastique de 1438, connue sous le nom de *pragmatique sanction ;* lieu de naissance de Louis XI, du financier Jacques Cœur, de Bourdaloue et de l'historien D'Orléans; 19 000 habitants (25 000).

Sous-préfectures : *Sancerre*, sur une montagne, près de la Loire ; bons vins ; siége et famine de 1573. — *Saint-Amand-Montrond*, jolie ville, près du Cher et du canal de Berri.

Autres lieux remarquables : *Vierzon*, sur le Cher, sur le canal du Berri et sur le chemin de fer du Centre, à l'en-

[illegible] où commence l'embranchement de Châteauroux; [illegible], hauts fourneaux qui produisent d'excellent fer, manufactures de porcelaine. — *Mehun-sur-Yèvre*; château où mourut Charles VII.

[illegible] SITUÉS A GAUCHE ET LOIN DE LA LOIRE, DANS LES BASSINS DE [illegible] DE L'INDRE ET DE LA VIENNE.

[illegible] ***du Puy-de-Dôme*** (597 000 habitants) répond à peu près à la Basse-Auvergne, particulièrement au Dauphiné d'Auvergne; il s'y trouve aussi une partie du [illegible] d'Auvergne, du Bourbonnais et du Forez. C'est une des plus intéressantes régions de la France par ses curiosités naturelles, ses grottes, ses colonnes de basalte, ses montagnes pittoresques, dont la plupart sont d'anciens volcans. Çà et là aussi, elle offre des parties riches en céréales et en bons pâturages. C'est dans ce département qu'est renfermée la fertile et riante vallée de la Limagne, arrosée du sud au nord par l'Allier. La Dordogne coule dans le sud-ouest du pays. La Dore, affluent de l'Allier, coule dans l'est.

On y trouve quelques-uns des plus hauts sommets des montagnes d'Auvergne. On remarque d'abord le Puy-de-Dôme, qui offre l'aspect d'un dôme majestueux, et qui, malgré ses pentes escarpées, est le but d'ascensions fréquentes : une des plus célèbres est celle qu'y fit Pascal pour mesurer la pesanteur de l'air au moyen du baromètre. — On distingue ensuite le mont Dore, qui se compose d'un assemblage de plusieurs pics ou *puys*, dont le plus élevé est le Puy de Sancy.

Chef-lieu : *Clermont-Ferrand* (anc. *Nemetum*); étoffes de laine; fontaine pétrifiante de Saint-Allyre; belle cathédrale; patrie de Grégoire de Tours, de Pascal, de Domat, de l'abbé Girard, de Thomas, du général Desaix, de Jacques Delille, de Chamfort et de Dulaure; 26 000 hab. (34 000); concile de 1095, où fut résolue la première croisade. Dans le voisinage, emplacement de l'ancienne *Gergovie*.

Sous-préfectures : *Riom*, ville industrieuse et commerçante ; 10 000 hab. (13 000) — *Thiers* ; coutellerie, papeteries, tanneries ; 10 000 hab. (13 000) — *Ambert* ; fabriques de papier, de toile et de dentelles ; commerce de mercerie. — *Issoire*, près de l'Allier.

Autres lieux remarquables : *Billom*, ville très-industrieuse, ancienne capitale de la Limagne. — *Aigueperse*, patrie du chancelier de L'Hôpital. — *Volvic* ; carrières de basalte. — *Royat*, village avec des grottes fort curieuses. — *Les Bains-du-Mont-Dore*, village célèbre par ses eaux minérales.

Le **département de la Creuse** (287 000 habitants), formé de la Marche et d'une partie du Limousin, du Bourbonnais, du Poitou, du Berri et de l'Auvergne (Combrailles), est un pays de montagnes, et l'un des moins fertiles et des moins riches du centre de la France. Il y a cependant de bons pâturages, qui nourrissent de beaux bestiaux. La Creuse et le Cher y sont les seules rivières remarquables. Il émigre chaque année de ce département un grand nombre d'ouvriers.

Chef-lieu : *Guéret*, sur une montagne, entre la Creuse et la Gartempe, son affluent ; commerce de bestiaux. Patrie de l'historien Varillas.

Sous-préfectures : *Aubusson*, sur la Creuse ; manufactures de tapis. — *Boussac*, sur un rocher escarpé. — *Bourganeuf* ; tour célèbre, que Zizim (Djem), frère de Bajazet II, reçut pour habitation de Pierre d'Aubusson, grand-maître de l'ordre de Saint-Jean de Jérusalem.

Autres lieux remarquables : *Felletin*, sur la Creuse ; manufacture de tapis. — *La Souterraine*, sur le chemin de fer de Châteauroux à Limoges. — *Évaux* ; eaux minérales.

Le **département de l'Indre** (272 000 habitants), formé de la partie occidentale du Berri et d'une petite partie de la Marche et de l'Orléanais, a une assez grande portion de sa surface (surtout au nord-ouest, dans la Brenne) cou-

... d'étangs et de marais, qui rendent l'air malsain. L'Indre et la Creuse en sont les principales rivières. Le sol est assez fertile, et l'on élève beaucoup de moutons et de gros bétail.

Chef-lieu : *Châteauroux*, sur l'Indre et sur un chemin de fer qui se rend à Vierzon; commerce de draps, de ... de bestiaux; parc de construction du train des équipages militaires; 13 000 habitants (16 000); patrie de ... La Touche et du général Bertrand.

Sous-préfectures : *Issoudun* (anc. *Auxellodunum*); fabriques de draps et commerce de fer; 11 000 habitants. — *Le Blanc*, sur la Creuse; forges dans le voisinage. — *La Châtre*, sur l'Indre; a donné son nom à une famille célèbre.

Autres lieux remarquables : *Valençay*, beau château, qui appartenait au prince de Talleyrand. — *Buzançais*, ville très-industrieuse, sur l'Indre.

... *Le département de la Haute-Vienne* (319 000 habitants), traversé de l'est à l'ouest par la rivière à laquelle il doit son nom, a des mines de fer, beaucoup de châtaigniers, et des pâturages qui nourrissent de bons bestiaux. Il correspond au nord du Limousin, à la partie occidentale de la Marche et à une partie du Poitou et du Berri.

Chef-lieu : *Limoges* (anc. *Augustoritum*, puis *Lemovices*), sur la Vienne; fabriques de porcelaine et d'étoffes de laine; patrie de saint Éloi, de d'Aguesseau, de Vergniaud et des maréchaux Jourdan et Bugeaud; 29 000 hab. (... 000 avec les ouvriers étrangers et toute la commune).

Sous-préfectures : *Bellac*; siége de 1591. — *Rochechouart*, sur la pente d'une montagne escarpée. — *Saint-Yrieix*; carrières de kaolin, fabriques de porcelaine et de faïence.

Autres lieux remarquables : *Saint-Léonard*, sur la Vienne; fabriques de porcelaine. — *Chalus*; siége de 1199, où mourut Richard Cœur de Lion. — *Saint-Ju-*

nien; très-belle église. — *La Roche-Abeille*; bataille de 1549, gagnée par le duc d'Anjou.

Le **département de la Vienne** (317 000 habitants), formé de la partie orientale du Poitou et d'une partie de la Touraine, du Saumurois et du Berri, est traversé du sud au nord par la Vienne, qui reçoit le Clain; à l'est, il est limité par la Creuse, à laquelle se joint la Gartempe; la Charente coule dans le sud. Une grande partie du pays est riche en pâturages, en vins, en bois; mais il y a aussi des landes et des bruyères.

Chef-lieu : *Poitiers* (anc. *Limonum*, puis *Pictavi*), sur le Clain, affluent de la Vienne, et sur le chemin de fer de Tours à Bordeaux; antiquités, belle cathédrale; fabriques de drap, commerce de grains et de laine; 25 000 hab. (29 000); victoire du Prince-Noir sur le roi Jean en 1356. Patrie de saint Hilaire et du musicien Lambert.

Sous-préfectures : *Châtellerault*, sur la Vienne et sur le chemin de fer de Tours à Poitiers; manufacture d'armes; coutellerie renommée; 10 000 habitants. — *Loudun* (anc. *Juliodunum*), ville ancienne; mémorable procès d'Urbain Grandier au XVIIe siècle; patrie des Sainte-Marthe et de Théophraste Renaudot. — *Montmorillon*, sur la Gartempe; édifice curieux, qui paraît être un temple gaulois. — *Civray*, sur la Charente.

Autres lieux remarquables : *Vouillé* (autrefois *Voclade*), près de Poitiers; victoire de Clovis sur les Visigoths, en 507. — *Moncontour*; victoire du duc d'Anjou sur l'amiral Coligny, en 1569. — *Lusignan*; ancien château fort, qui a donné son nom à une famille célèbre dans les croisades.

3. Bassins du Lay, de la Sèvre niortaise, de la Charente et de la Seudre.

Le **département de la Vendée** (384 000 habitants) correspond à l'ouest du Poitou; il s'étend le long de la mer de France, depuis la baie de Bourgneuf jusqu'à l'embouchure de la Sèvre niortaise. La Vendée, affluent de cette Sèvre, parcourt le sud-est du département; le [illegible], qui va se jeter directement dans la mer, l'arrose au milieu ; la Sèvre nantaise coule dans le nord-est. La partie septentrionale est montueuse, et se nomme le *Bocage*, à cause de la grande quantité de bois qui le couvre, non sous la forme de forêts, mais sous celle de haies élevées [illegible]. Le sud-ouest, le long de la mer, s'appelle [illegible]; il y a d'importants marais salants. Le reste [illegible] *Plaine*.

Les habitants de la Vendée sont remarquables par leurs mœurs simples, leurs sentiments religieux et leurs dispositions à conserver les vieilles habitudes. Pendant la révolution, ils se signalèrent, avec les habitants de plusieurs départements voisins, par leur résistance au régime républicain et leur attachement à l'ancienne monarchie; cette guerre acharnée prit le nom de *guerre de la Vendée*.

De ce département dépendent deux îles intéressantes : l'île de *Noirmoutier*, qui tire son nom d'un ancien couvent de Bénédictins *vêtus de noir*, et qui possède des salines et un sol fertile : — l'île d'*Yeu* (l'ancienne *Ogia*), nommée ordinairement, mais inexactement, île *Dieu*, et composée presque uniquement d'une masse de granit.

Chef-lieu : *Napoléon-Vendée* (ci-devant *Bourbon-Vendée*, et dans l'origine *La Roche-sur-Yon*), jolie ville, agrandie par Napoléon.

Sous-préfectures : *Fontenay-le-Comte*, sur la Vendée. Patrie du poëte Nicolas Rapin, de Barnabé Brisson et du mathématicien Viète. — *Les Sables-d'Olonne*, port de mer, défendu par le fort Saint-Nicolas; commerce de grains.

Autres lieux remarquables : *Luçon*; siége épiscopal de Richelieu; port au moyen d'un canal qui communique avec la mer. Patrie du cardinal La Fare. — *Maillezais*; abbaye célèbre au moyen âge.

Le *département des Deux-Sèvres* (324 000 habitants), formé de la partie centrale du Poitou, doit son nom à la Sèvre nantaise, qui y coule au nord-ouest, et à la Sèvre niortaise, qui l'arrose au sud. Le nord de ce pays est montueux, et se nomme la *Gâtine*; le sud est très-plat, et on le désigne sous le nom de la *Plaine*.

Chef-lieu : *Niort*, sur la Sèvre niortaise; fabriques de serges, de droguets et de gants; lieu de naissance de Mme de Maintenon et du poëte Fontanes; 17 000 habitants.

Sous-préfectures : *Bressuire*, souvent nommée dans les guerres de la Vendée.— *Parthenay*; tanneries et corroieries. — *Melle*; commerce de mulets.

Autres lieux remarquables : *Thouars*; château magnifique, qui a été le séjour de la célèbre famille de La Trémouille. — *Châtillon*; victoire des Vendéens en 1793.

Le **département de la Charente** (383 000 habitants), formé de l'Angoumois et d'une partie de la Saintonge et du Poitou, est parsemé de collines et de vallées, et généralement fertile en vin, dont on fait surtout de l'eau-de-vie. On y recueille une assez grande quantité de truffes fort estimées.

La Charente, dont le cours est très-sinueux, parcourt ce département. La Vienne l'arrose au nord-est. La Tardoire et le Bandiat, qui se dirigent vers la Charente, ne la joignent que pendant les grandes crues; dans les temps ordinaires, leurs eaux se perdent dans des gouffres situés au milieu de leur lit.

Chef-lieu : *Angoulême* (anc. *Iculisma*, *Æquolesima* ou *Agesina*), sur la Charente et sur le chemin de fer de Tours à Bordeaux; fabriques de beau papier, de lainages et de faïence; patrie de Louis de Balzac et du physicien Coulomb. 19 000 habitants.

Sous-préfectures : *Confolens*, sur la Vienne. — *Ruffec*, près de la Charente, et sur le chemin de fer de Tours à Bordeaux; commerce de grains et de truffes. — *Cognac*, sur la Charente; lieu de naissance de François Ier et de sa sœur Marguerite de Valois; eau-de-vie renommée. — *Barbezieux*; commerce de toiles et de truffes.

Autres lieux remarquables : *Jarnac*, sur la Charente; victoire des catholiques sur les calvinistes, en 1569. —

La Rochefoucauld a donné son nom à une famille célèbre; immenses grottes de Rancogne dans le voisinage. — *Ruelle*: fonderie de canons pour la marine.

Le département de la *Charente-Inférieure* (470 000 h.), formé de l'Aunis et de la Saintonge et d'une partie de l'Angoumois et du Poitou, s'étend le long de la mer, depuis la Sèvre niortaise jusqu'à la Gironde. La côte est découpée par des baies nombreuses, et bordée, en plusieurs endroits, de marais salants qui passent pour fournir les meilleurs sels de l'Europe.

La Charente traverse de l'est à l'ouest le département; de gracieux paysages en ornent presque partout les [illegible]

On récolte dans ce pays beaucoup de vin, que l'on convertit en eau-de-vie.

Trois îles remarquables appartiennent à ce département: 1° l'île de *Ré*, séparée du continent par le Pertuis Breton, et dont les principaux produits sont le vin et le sel: le chef-lieu est *Saint-Martin-de-Ré*, place fortifiée; — 2° l'île d'*Oléron*, séparée de la précédente par le Pertuis d'Antioche, et du continent par la passe de Maumusson; elle est connue par sa fertilité, son excellent sel et ses belles défenses militaires, formées du château d'Oléron et des batteries de Boyardville et des Saumonards; — 3° l'île d'*Aix*, placée en face de l'embouchure de la Charente, et importante en ce qu'elle sert de défense à l'une des principales rades de la France: c'est dans cette rade que Napoléon s'embarqua sur le bâtiment anglais *le Bellérophon*, en 1815.

Chef-lieu: *La Rochelle*, place forte et port de mer, aujourd'hui ville bien déchue, raffineries de sucre; manufactures de faïence; commerce d'esprits et d'eau-de-vie; patrie de l'historien Tallemant des Réaux, du physicien Réaumur, de J.-B. Dupaty et de l'amiral Duperré; ce fut une des places principales des calvinistes pendant les guerres de religion du XVIe et du XVIIe siècle, et elle soutint un siège fameux en 1628. 14 000 habitants.

Sous-préfectures : ***Rochefort***, jolie ville, place forte et port militaire de 1re classe, sur la Charente, près de son embouchure; grand arsenal et bel hôpital de la marine; chantier de construction, fonderie de canons; 14 000 hab. — *Saintes* (anc. *Mediolanum*, ensuite *Santones*), sur la Charente; antiquités romaines; commerce d'eau-de-vie renommée. — *Saint-Jean-d'Angely*; commerce d'eau-de-vie et de bois de construction. — *Marennes*, port de mer, à l'embouchure de la Seudre; huîtres renommées. — *Jonzac*; commerce de lainage et d'eau-de-vie.

Autres lieux remarquables : *Marans*, port sur la Sèvre niortaise, près de son embouchure; commerce de sel et de blé. — *Taillebourg*, sur la Charente, entre Saintes et Rochefort; victoire de saint Louis sur les Anglais, en 1242. — *Tonnay-Charente*, port, avec un beau pont suspendu sur la Charente. — *Brouage*, port autrefois florissant et aujourd'hui comblé par les vases; patrie de Champlain.

4° Bassin de la Garonne.

DÉPARTEMENTS TRAVERSÉS PAR LA GARONNE.

Le ***département de la Haute-Garonne*** (481 000 hab.) a été formé en partie du Languedoc (Toulousain et Lauraguais), en partie de la Gascogne (Comminges, Nébouzan, Quatre-Vallées, Conserans et Lomagne). Les Pyrénées le bordent au midi; dans le nord, il offre de belles plaines; les céréales, le vin et des fruits excellents y abondent.

La Garonne parcourt du sud au nord le département, et y reçoit le Salat et l'Ariége; le canal du Midi vient aussi s'y joindre à cette rivière, et le canal latéral de la Garonne y commence.

Chef-lieu : *Toulouse* (anc. *Tolosa*), sur la Garonne, vers la jonction du canal du Midi et du canal latéral de la Garonne; célèbre académie des Jeux Floraux; fabriques de faux et de limes excellentes; fonderie de canons; 71 000 hab. (93 000); patrie de Clémence Isaure, de Cujas, de Fermat, de Campistron, d'Ad. Legendre; bataille de 1814, entre le maréchal Soult et les Anglo-Espagnols.

Sous-préfectures : *Villefranche de Lauraguais*, vers le canal du Midi. — *Muret*, sur la Garonne; siége et bataille de 1213, dans la guerre des Albigeois; patrie de Dalayrac. — *Saint-Gaudens*, sur la Garonne; industrie assez active en rubans de fil et tissus de laine; grottes de Gargas et de Lestelle dans le voisinage.

Autres lieux remarquables : *Bagnères-de-Luchon*; eaux minérales. — *Revel*, ville industrieuse, dans une belle plaine; patrie de Las Cases (connu aussi sous le nom de Lesage). — *Saint-Bertrand de Comminges*; ancien évêché; marbre et cuivre. — *Grenade*; patrie de Cazalès.

Le *département de Tarn-et-Garonne* (238 000 hab.), formé en grande partie de l'ancien Quercy et de diverses portions de l'Agenais, du Rouergue, de la Lomagne, de l'Armagnac et du Languedoc, est un des plus petits de la France. La Garonne le parcourt du sud-est au nord-ouest; le Tarn, affluent de cette rivière, arrose l'est et le milieu du pays, et y reçoit l'Aveyron. Ce département est composé de belles plaines et de grandes vallées fertiles. Les mûriers, les chênes verts y abondent, et les fruits des jardins y sont remarquables par leur excellente qualité.

Chef-lieu : *Montauban*, sur le Tarn ; une des principales places des calvinistes pendant les guerres de religion; manufactures de cotonnades et de bas de soie; patrie du poëte Le Franc de Pompignan; siége de 1621, soutenu victorieusement contre Louis XIII; prise en 1629 par Richelieu, qui en fit raser les fortifications; 16 500 hab. (25 000).

Sous-préfectures : *Moissac*, sur le Tarn; ancienne abbaye célèbre. — *Castel-Sarrasin*, près de la Garonne.

Autres lieux remarquables : *Saint-Antonin*, sur l'Aveyron; commerce de cuirs. — *Beaumont-de-Lomagne*, très-jolie ville.

Le ***département de Lot-et-Garonne*** (346 000 hab.), formé de l'Agenais, d'une assez grande partie du Bazadais, et de faibles portions de la Lomagne et du Condomais, est traversé du sud-est au nord-ouest par la Garonne et par le canal de la Garonne, et arrosé à l'est et au milieu par le Lot, qui s'y jette dans ce fleuve ; le Gers et la Baïse, autres affluents de la Garonne, y coulent au sud. Ces diverses rivières parcourent de belles et fertiles plaines ; mais, dans le reste du pays, il y a beaucoup de landes sablonneuses et arides.

Chef-lieu : *Agen* (anc. *Aginnum*), sur la Garonne ; belle promenade du Gravier ; commerce de minoterie[1], et de prunes renommées ; patrie de J. J. Scaliger, de Bernard de Palissy, de Lacépède et de Bory de Saint-Vincent ; 14 000 hab.

Sous-préfectures : *Villeneuve-d'Agen*, sur le Lot. — *Nérac*, sur la Baïse ; ancienne capitale du duché d'Albret ; château où Henri IV a séjourné dans sa jeunesse. — *Marmande*, sur la Garonne ; détruite au VIIIe siècle par les Sarrasins et rebâtie par Richard Cœur de Lion.

Autre lieu remarquable : *Tonneins*, sur la Garonne ; agréable situation ; manufacture de tabac ; patrie de Mme Cottin.

Le ***département de la Gironde*** (614 000 hab.) correspond au Bordelais, à une grande partie du Bazadais, et à des portions du Périgord et de l'Agenais. Il est fort beau à l'est et au milieu, où il présente tantôt de riches plaines, tantôt de jolis vallons, ou de riants coteaux couverts de vignobles renommés ; mais, à l'ouest, il renferme des landes incultes, de tristes forêts de pins et des dunes mouvantes : c'est là que le golfe de Gascogne forme le Bassin d'Arcachon, dont la navigation est fort dange-

1. Le commerce de farine, dans cette partie de la France, s'appelle souvent commerce de minoterie, parce que la farine s'expédie dans des vases nommés minots.

[illegible]; on y voit aussi deux lacs assez considérables, nommés étangs de Carcans et de La Canau.

Le large fleuve qui donne son nom au département y est formé, au Bec d'Ambez, par la réunion de la Garonne et de la Dordogne. Celle-là vient du sud; celle-ci arrive de l'est, et se grossit de l'Ile. La marée, en remontant dans la Gironde, et en pénétrant ensuite dans la Dordogne, y produit une vague énorme, qui remonte la rivière violemment et avec bruit : c'est ce qu'on appelle le *mascaret*. Devant l'embouchure de la Gironde, s'élève, sur un îlot, la tour de Cordouan, le plus beau phare de France.

Chef-lieu : ***Bordeaux*** (anc. ***Burdigala***), sur la Garonne, la quatrième ville de France par sa population, qui est de 125 000 hab. (130 000); beau port, superbe pont, belles places, quais élégants, promenades de Tourny, théâtre remarquable; patrie de Montesquieu (né à La Brède, château voisin); de Desèze, de Martignac, de Berquin, de Carle Vernet; dans l'antiquité, cette ville a produit Ausone.

Sous-préfectures : ***Libourne***, sur la Dordogne; port commerçant; 10 000 hab. — ***Blaye*** (anc. ***Blavia***), petit port et place forte, sur la rive droite de la Gironde. — ***Lesparre***, dans le pays de Médoc, resserré entre la Gironde et l'Océan et renommé par ses vins. — ***La Réole***, sur la Garonne. — ***Bazas*** (anc. ***Vasatæ*** ou ***Cossium***), ancien chef-lieu du Bazadais.

Autres lieux remarquables : ***Saint-Émilion***, près de la Dordogne; excellent vin. — ***Coutras***; victoire de Henri IV, en 1587. — ***Castillon***; bataille gagnée par Charles VII sur les Anglais, en 1451. — ***Bourg-sur-mer***, petit port, sur la Dordogne, très-près du Bec d'Ambez. — ***La Teste***, petit port, sur le Bassin d'Arcachon, vers les Landes; unie à Bordeaux par un chemin de fer. — ***Cubzac***, petit port sur la Dordogne; pont suspendu très-hardi. — ***Pauillac***, port sur la Gironde; vignoble renommé du Haut-Médoc.

DÉPARTEMENTS TRAVERSÉS PAR LA DORDOGNE.

Le ***département du Cantal*** (253 000 habitants), formé

de la partie méridionale de l'Auvergne (Haute-Auvergne ou comté d'Auvergne), doit son nom à une haute montagne, le Plomb du Cantal, qui s'élève vers son centre; il est presque partout hérissé de montagnes, qui offrent en beaucoup d'endroits de ces colonnades basaltiques régulières auxquelles on donne le nom d'orgues, car elles ressemblent de loin aux tuyaux de cette sorte d'instrument. Les pâturages et les châtaigniers sont les principales richesses de ce département. En général, le pays est pauvre, et les habitants émigrent pour aller exercer dans les grandes villes les métiers de portefaix, de porteur d'eau, de charbonnier, etc.

La Dordogne, la Cère, son affluent, et la Trueyre, affluent du Lot, sont les principales rivières du Cantal.

Chef-lieu : *Aurillac;* commerce de dentelles, de chaudronnerie et de bestiaux; 10 000 habitants. Ancien monastère, illustré par Gerbert, un des plus savants hommes du xe siècle.

Sous-préfectures : *Saint-Flour*, sur un rocher de basalte. — *Murat*, au pied du Cantal. — *Mauriac*, près de la Dordogne.

Autre lieu remarquable : *Chaudesaigues;* eaux thermales très-chaudes.

Le **département de la Corrèze** (321 000 habitants), formé de la partie méridionale du Limousin, est montagneux, pittoresque, et a de bons pâturages, qui nourrissent des chevaux renommés; il est arrosé du nord-est au sud-ouest par la Corrèze, la Vézère et la Dordogne. Beaucoup d'habitants émigrent, pour exercer la profession de maçon.

Chef-lieu : *Tulle*, dans une gorge étroite, sur la Corrèze; manufacture d'armes; commerce de fer et de cuivre; on y a inventé la dentelle de coton appelée *tulle*.

Sous-préfectures : *Brive* (anc. *Briva Curetia*), sur la Corrèze, dans une petite plaine riante; patrie du cardinal Dubois, du naturaliste Latreille et du maréchal Brune. — *Ussel*, ancien chef-lieu du duché de Ventadour.

Autres lieux remarquables : *Bort*, sur la Dordogne; patrie de Marmontel; colonnes de basalte nommées *orgues de Bort*. — *Uzerches*, dans une situation pittoresque. — *Turenne*, ancienne vicomté qui a appartenu à l'illustre famille de ce nom. — *Noailles*, ancien duché-pairie qui a aussi appartenu à une famille célèbre.

Le ***département de la Dordogne*** (506 000 habitants) correspond à l'ancien Périgord et à de petites parties de l'Agenais, de l'Angoumois et du Limousin. Il est arrosé de l'est à l'ouest par l'Ile, qui reçoit la Haute-Vézère, et par la Dordogne, qui reçoit la Vézère. Le sol en est presque partout hérissé de collines escarpées et arides. Cependant les vallées principales sont fertiles, et présentent de belles cultures de blé et de maïs; les coteaux qui les bordent sont revêtus de riches vignobles. Les truffes qu'on récolte dans ce pays passent pour les meilleures de France.

Chef-lieu : *Périgueux* (anc. *Vesunna*, puis *Petrocorii*), sur l'Ile, dans une agréable situation ; antiquités; belle cathédrale ; 12 000 habitants.

Sous-préfectures : *Nontron*, sur une hauteur escarpée; coutellerie : *Ribérac*, jolie petite ville. — *Bergerac*, sur la Dordogne, dans une riche plaine; autrefois ville très-forte; vins renommés ; 10 000 habitants. — *Sarlat;* patrie de La Boétie, ami de Montaigne; souvenir de Fénelon.

Autres lieux remarquables : *Brantôme;* ancienne abbaye. — *Salignac*, près de Sarlat; berceau de la famille de Fénelon. — *Miremont*, très-belles grottes : — *Saint-Michel*, à l'ouest de Bergerac; château de *Montaigne*, où est né le célèbre écrivain du même nom. — *Excideuil;* a été le séjour du maréchal Bugeaud.

DÉPARTEMENTS DES BASSINS DE L'ARIÉGE, DU TARN ET DU LOT, AFFLUENTS DE DROITE DE LA GARONNE.

Le ***département de l'Ariége*** (267 000 habitants) correspond au Comté de Foix et à une partie de la Gascogne (le Conserans). Il s'adosse aux Pyrénées centrales, est traversé du sud au nord par la rivière à laquelle il doit son nom, et, à l'ouest, est arrosé par le Salat. Ces deux rivières roulent des paillettes d'or. Les hautes montagnes qui couvrent le sud de ce département offrent de nombreuses curiosités naturelles et renferment d'abondantes mines de fer. L'acier qu'on fait dans ce pays est renommé.

Chef-lieu : *Foix*, dans une situation pittoresque, au pied d'un roc à pic, sur l'Ariége.

Sous-préfectures : *Pamiers*, sur l'Ariége; fabriques de faux et de limes. — *Saint-Girons;* forges; grand commerce avec l'Espagne.

Autres lieux remarquables : *Mirepoix*, ancienne capitale d'un pays du même nom; patrie du maréchal Clauzel. — *Massat;* mines de fer et forges. — *Tarascon*, sur l'Ariége; célèbre grotte de Bédaillat dans le voisinage. — *Ax*, sur l'Ariége; eaux minérales. — *Bélestat*, curieuse fontaine intermittente de Fontestorbes.

C'est au sud de ce département que se trouve la petite république d'*Andorre*, placée à la fois sous la protection de la France et sous celle de l'évêque d'Urgel, en Espagne.

Le **département du Tarn** (363 000 habitants), formé de l'Albigeois (partie du Languedoc), est couvert, au nord, à l'est et au sud, de montagnes qui appartiennent aux Cévennes ou à leurs ramifications; ailleurs, il présente des plaines et de larges vallées, où le sol est fertile, particulièrement en blé, anis, coriandre et pastel. Le Tarn traverse le département de l'est à l'ouest, et y a pour affluent principal l'Agout.

Chef-lieu : *Alby* (anc. *Albiga*), sur le Tarn; belle cathédrale; patrie de La Pérouse; 10 000 habitants (14 000).

Sous-préfectures : *Castres;* fabriques de draps; 14 000 habitants (21 000); près de là est *Saint-Amans*, patrie du maréchal Soult. — *Lavaur;* manufactures de soieries. — *Gaillac*, sur le Tarn; vins estimés.

Autres lieux remarquables : *Rabastens*, sur le Tarn. — *Sorèze*, école célèbre; dans le voisinage, magnifique bassin de Saint-Féréol, qui fournit de l'eau au canal du Midi. — *Mazamet* ; fabriques de draps.

Le **département de la Lozère** (145 000 habitants) correspond à peu près à l'ancien Gévaudan ; il tire son nom d'une haute montagne des Cévennes, chaîne qui le traverse et le couvre de ses ramifications. Ces montagnes possèdent de riches mines, et elles encaissent des vallées, qui nourrissent de nombreux bestiaux. Les châtaignes forment une grande partie de la nourriture des habitants. Ce pays élevé donne naissance à plusieurs grandes rivières : l'Allier, le Tarn, le Lot, le Gard.

Chef-lieu : *Mende*, très-agréablement située, sur le Lot ; fabriques de serges.

Sous-préfectures : *Marvéjols*, détruite en 1586 par Joyeuse, et rebâtie par Henri IV. — *Florac*, près du Tarn.

Autres lieux remarquables : *Villefort* ; mines de plomb avec un peu d'argent. — *Châteauneuf-Randon* ; siége de 1380, pendant lequel mourut Duguesclin. — *Bagnols-les-Bains*, eaux minérales renommées.

Le **département de l'Aveyron** (394 000 habitants) correspond à l'ancien pays de Rouergue. Le Tarn, l'Aveyron et le Lot le parcourent de l'est à l'ouest. Il y a beaucoup de montagnes, qui sont des ramifications des Cévennes et des montagnes d'Auvergne. On y voit plusieurs anciens volcans, et un grand nombre de curiosités naturelles, comme des abîmes profonds, des grottes à stalactites, et des montagnes consumées par un feu souterrain que produit l'embrasement des mines de houille. Ce département a de bons pâturages, et l'on y élève beaucoup de mulets, qu'on envoie en Espagne.

Chef-lieu : *Rodez* (anc. *Segodunum*, puis *Ruteni*), sur l'Aveyron ; belle cathédrale.

Sous-préfectures : *Villefranche*, sur l'Aveyron ; industrie active ; patrie du médecin littérateur Alibert ; houille et forges dans le voisinage, à *Aubin* et à *Decazeville*. —

Espalion, sur le Lot. — *Milhau* ou *Millau*, sur le Tarn, ville très-industrieuse, autrefois un des boulevards des protestants. — *Saint-Affrique;* commerce de drap et de fromages.

Autres lieux remarquables : *Roquefort;* fromages renommés. — *Cransac ;* houille et eaux minérales célèbres.

Le **département du Lot** (296 000 habitants) correspond en grande partie à l'ancien Quercy. Il est traversé de l'est à l'ouest par le Lot; au nord, il est un peu arrosé par la Dordogne. Le pays est généralement montueux ; on y voit des vallées fertiles et des coteaux riches en bons vignobles.

Chef-lieu : *Cahors* (anc. *Divona*, puis *Cadurci*), sur le Lot; commerce de vins; patrie du pape Jean XXII et du poëte Clément Marot ; Joachim Murat est né dans le voisinage ; 10 000 hab. (13 000).

Sous-préfectures : *Gourdon;* commerce de vins ; dans le voisinage, château de *La Mothe-Fénelon*, où est né Fénelon. — *Figeac*, sur le Lot; patrie de Champollion.

Autres lieux remarquables : *Souillac*, sur la Dordogne; manufacture d'armes à feu. — *Cap-de-Nac*, sur le roc du Puech d'Usselou, où était l'*Uxellodunum* si célèbre par la résistance qu'elle opposa à César.

DÉPARTEMENT DU BASSIN DU GERS, AFFLUENT DE GAUCHE DE LA GARONNE.

Le **département du Gers** (317 000 habitants) correspond à l'ancien Armagnac et à quelques parties d'autres pays de la Gascogne : le Condomais, la Limagne, le Comminges. Il est arrosé à l'ouest par l'Adour, et au milieu par la Baïse et le Gers, qui le parcourent du sud au nord. Le sol, assez plat au nord, mais montueux au sud, est généralement fertile. On y récolte beaucoup de vin, dont on fait de l'eau-de-vie.

Chef-lieu : *Auch* (anc. *Climberis*, *Augusta Ausciorum* ou *Auscii*), sur le Gers; magnifique cathédrale; patrie de l'amiral Villaret-Joyeuse ; 10 000 habitants.

Sous-préfectures : *Condom*, sur la Baïse; patrie de

Baise de Montluc. — *Lectoure*, sur le Gers; antiquités curieuses; patrie du maréchal Lannes. — *Lombez*; ancien siége des états de Comminges. — *Mirande*, sur la Baise; commerce de blé, de vin et d'eau-de-vie.

Autre lieu remarquable : *Eauze*, l'ancienne *Elusa*, importante du temps des Romains.

5° Bassin de l'Adour.

Le département des Hautes-Pyrénées (251 000 habitants) a été formé du Bigorre et d'une partie des Quatre-Vallées, du Nébouzan et de l'Estarac ; c'est un des pays les plus intéressants de la France par ses sites pittoresques, ses abondantes sources minérales, ses cascades, ses riantes vallées, parmi lesquelles on remarque celles de Campan, d'Argelès, d'Aure. Le nord a des plaines; mais le sud est hérissé de hautes montagnes, parmi lesquelles on distingue les pics les plus élevés des Pyrénées françaises, c'est-à-dire le Pic du Midi de Bagnères, les Tours de Marboré, le mont Vignemale, le Taillon, le Pic-Long. Ce pays est arrosé du sud au nord par l'Adour; dans l'ouest coule le Gave de Pau, qui, descendant du mont Perdu, en Espagne, et tombant dans le cirque de Gavarnie, forme une magnifique cascade de 410 mètres de hauteur. Non loin de là est la Brèche de Roland, vaste coupoure de 100 mètres, que la nature a ouverte dans une énorme muraille de rochers, et que les traditions populaires ont attribuée à un coup d'épée du fameux Roland, neveu de Charlemagne.

Chef-lieu : *Tarbes* (anc. *Castrum Bigorrense* ou *Turba*), jolie ville, sur l'Adour; 13 000 hab.; sanglant combat en 1814.

Sous-préfectures : *Bagnères-de-Bigorre* (anc. *Aquæ Convenarum*), sur l'Adour, dans une agréable situation; sources minérales très-fréquentées; patrie du chirurgien Larrey. — *Argelès*, dans une vallée magnifique, vers le confluent des Gaves d'Azun et de Pau.

Autres lieux remarquables : *Campan*, dans une très-belle vallée du même nom ; carrière de beau marbre. — *Barréges*, *Saint-Sauveur* et *Cauterets* ; eaux minérales renommées. — *Lourdes*, petite place forte, sur le Gave de Pau. — *Lannemezan*, sur un plateau du même nom.

Le **département des Basses-Pyrénées** (447000 habitants) est placé à l'angle sud-ouest de la France, et limité au sud par l'Espagne, à l'ouest par l'Océan ; il a été formé de l'ancien Béarn, auquel était annexée la Basse-Navarre ou Navarre française, et où se trouvait enclavé le pays de Soule, partie de la Gascogne.

Sa côte s'étend depuis l'embouchure de l'Adour jusqu'à celle de la Bidassoa. Le Gave de Pau, le Gave d'Oléron, son affluent, et la Nive, affluent de l'Adour, en parcourent l'intérieur. Les Pyrénées couvrent la partie méridionale, et y présentent un de leurs principaux sommets, le Pic du Midi de Pau.

Les points de vue les plus pittoresques se présentent dans ces montagnes, tantôt hérissées de rochers escarpés, tantôt revêtues de bois de pins, et coupées par de riches vallées. Le nord du département offre des plaines fertiles. On élève dans ce pays d'excellents chevaux dits navarrins.

La population remarquable des Basques habite le sud-ouest des Basses-Pyrénées : ce sont des hommes braves, fiers, enthousiastes de la liberté, d'une agilité et d'une adresse extraordinaires, et ne permettant aucune innovation dans leur langage et dans leurs coutumes.

Chef-lieu : *Pau*, sur le Gave du même nom ; château où est né Henri IV ; c'est aussi le lieu de naissance de Bernadotte, roi de Suède ; 15 000 habitants.

Sous-préfectures : *Bayonne* (anc. *Lapurdum*), sur l'Adour, près de son embouchure et au confluent de la Nive ; port très-commerçant et place forte de premier ordre ; jambons et chocolat renommés ; 14 000 hab. (19 000) ; invention de la baïonnette ; patrie de Laffitte. Cette ville a été assiégée quatorze fois sans avoir été prise. — *Orthez*, ville industrieuse et commerçante ; autrefois capitale du Béarn, sous la maison de Moncade. — *Oléron* ou *Oloron*, [illegible] le Gave d'Oléron, à l'entrée de la vallée d'Aspe. — [illegible], sur le Gave de Mauléon.

Autres lieux remarquables : *Salies*, commerce de sel [illegible]. — *Eaux-Chaudes* et *Eaux-Bonnes*, célè[illegible] établissements thermaux. — *Saint-Jean de Luz*, [illegible] forte. — *Saint-Jean-pied-de-Port*, [illegible]. — *Jurançon*; vin renommé. — *Baigorry*; [illegible]

Le **département des Landes** (302 000 habitants) est le [illegible] grand de la France, mais un des moins peuplés; il [illegible] le long de la mer, dans le voisinage de laquelle on rencontre plusieurs lacs, improprement désignés sous le nom d'étangs : tels sont ceux de Cazau, de Parentis, de [illegible].

L'Adour arrose de l'est à l'ouest la partie méridionale du département, où il reçoit la Midouze et le Gave de Pau. [illegible] et en général tout le sud de cette contrée sont [illegible] et fertiles : on y récolte d'excellents fruits. Mais le reste du pays se compose d'un aride plateau, qui offre une surface sèche et sablonneuse; cependant, durant quelques mois de l'année, les eaux pluviales, privées d'écoulement, y forment des mares dans les parties les moins élevées. L'aspect en est misérable et triste; il n'y croît presque partout que des bruyères, du milieu desquelles se détachent çà et là de sombres forêts de pins; c'est un véritable désert, qu'interrompent seulement de loin en loin quelques pauvres hameaux ou des bâtiments d'une architecture sauvage, disposés pour servir de refuge aux bestiaux entraînés loin des habitations. Autour des lacs, pourtant, s'offrent de belles prairies, de nombreux villages et des paysages frais et animés.

Mais, entre ces lacs et l'Océan, on remarque une affreuse région, formée de dunes mouvantes, souvent énormes, et qui, changeant de place et d'apparence selon les caprices des vents, viennent fréquemment engloutir des champs fertiles et des villages entiers.

On s'occupe beaucoup aujourd'hui des moyens de défricher les landes, et l'on parvient facilement à fixer les dunes par des plantations de pins.

Les bergers landais, ayant besoin de traverser des sables, des bruyères ou des plaines souvent inondées, ont adopté l'usage de hautes échasses, qui leur permettent de parcourir en peu de temps de grandes distances.

Chef-lieu : *Mont-de-Marsan*, assez jolie ville, dans une situation riante, sur la Midouze; commerce de vin, d'eau-de-vie et du liége et de la résine du département.

Sous-préfectures : *Dax* (anc. *Aquæ Tarbellicæ*), sur l'Adour; eaux thermales; patrie de Borda. — *Saint-Sever*, sur l'Adour, appelée autrefois *Cap-de-Gascogne*, parce qu'elle a été la capitale de la Gascogne.

Autres lieux remarquables : *Pouy*, village près de Dax; patrie de saint Vincent de Paul, dont on lui donne aussi le nom. — *Saint-Esprit*, sur l'Adour, en face de Bayonne; commerce actif; population presque tout entière israélite. — *Labrit*, autrefois *Albret*, berceau d'une famille illustre. — *Aire* (anc. *Atures* ou *Adura*), ville très-ancienne, sur l'Adour; Alaric y eut le siége de son empire.

Départements et villes principales du versant de la Méditerranée.

1° Bassins du Tech, de la Tet, de la Gly, de l'Aude et de l'Hérault.

Le ***département des Pyrénées-Orientales*** (182 000 habitants), placé à l'extrémité la plus méridionale de la France, a été formé de l'ancien Roussillon, y compris la Cerdagne française; il est limité à l'est par la Méditerranée, et au sud par l'Espagne.

Les Pyrénées le couvrent en grande partie, et y présentent, presque au centre, le mont Canigou. Dans le reste du pays, on trouve des plaines généralement sèches et rocailleuses; cependant une belle verdure orne les bords des trois rivières principales, le Tech, la Tet et la Gly, coulent à l'est et vont tomber dans la Méditerranée. On récolte dans ce département des olives et de fort bons vins, entre autres ceux de Grenache.

Cette contrée a longtemps fait partie de l'Espagne, et les mœurs y offrent encore une teinte espagnole; le peuple ne parle que la langue catalane.

Chef-lieu : *Perpignan*, sur la Tet, à peu de distance de la Méditerranée ; place forte ; commerce de vin ; 25 000 hab. (22 000) ; patrie d'Arago. Près de là est la *Tour de Roussillon*, sur l'emplacement de l'ancienne *Ruscino*.

Sous-préfectures : *Prades*, sur la Tet. — *Céret*, sur le Tech.

Autres lieux remarquables : *Rivesaltes*, sur la Gly; excellent vin. — *Collioure* (anc. *Caucoliberum*), et *Port-Vendres* (anc. *Portus Veneris*), ports de mer et places fortes. — *Bellegarde*, *Prats-de-Mollo*, *Mont-Louis Villefranche*, *Salces*, places fortes. — *Vernet-les-Bains*; eaux thermales renommées.— *Fort-les-Bains*, fort sur le Tech. [illegible]; victoire des Français sur les Espagnols, en 1794.

Le ***département de l'Aude*** (290 000 habitants) a été formé de la partie du Languedoc qui comprenait le Carcassès et le Razès. Il est baigné à l'est par la Méditerranée, près de laquelle on trouve les grands étangs de Sigean et de Leucate. Les montagnes Noires, au nord, et les montagnes des Corbières, au sud, couvrent une partie du pays. Il y a aussi de belles et fertiles plaines. L'olivier et la vigne donnent dans l'Aude d'excellents produits; les abeilles y fournissent du miel délicieux. On y exploite des carrières de marbres magnifiques.

L'Aude parcourt le département du sud-ouest au nord-est, et y reçoit le Fresquel ; le canal du Midi longe le cours de ces deux rivières, et traverse le Fresquel sur un pont-aqueduc admirable.

Chef-lieu : *Carcassonne* (anc. *Carcaso*), sur l'Aude, près du canal du Midi ; divisée en deux parties : la ville haute, composée de constructions gothiques très-curieuses; et la ville basse, très-bien bâtie; patrie de Fabre d'Églantine; 16 000 hab. (20 000).

Sous-préfectures : *Castelnaudary*, sur le canal du Midi, vers le col de Naurouze; bataille de 1632, où le duc de Montmorency fut fait prisonnier; patrie d'Alex. Soumet; 10 000 habitants.—*Narbonne* (anc. *Narbo-Martius*), ville très-ancienne, près de la Méditerranée, à laquelle elle communique par le canal de la Roubine de Narbonne, et où elle a le port fortifié de *La Nouvelle*; belle cathédrale; commerce de miel renommé; 10 000 habitants (13 000). — *Limoux*, sur l'Aude; vins estimés; patrie du poëte Guiraud.

Le ***département de l'Hérault*** (389 000 habitants) correspond à une grande partie du Bas-Languedoc, et s'étend le long de la Méditerranée, depuis l'embouchure de l'Aude jusqu'à l'extrémité orientale de l'étang de Mauguio.

Plusieurs autres étangs, salés comme celui-ci, et qui paraissent être des restes d'anciens golfes de la mer, ne sont séparés de la Méditerranée que par une plage étroite; les plus considérables sont ceux de Thau et de Maguelonne. Il y a sur leurs bords d'importants marais salants.

Des ramifications des Cévennes couvrent au nord ce département, qui offre ailleurs de belles plaines, des vallées délicieuses et des coteaux couverts de vignobles et d'oliviers. Le climat est sec et salubre. L'Hérault (ou mieux l'Érau) traverse le pays du nord au sud; l'Orb l'arrose à l'ouest. Le sud est traversé par le canal du Midi, dont la continuation y est formée par le canal des Étangs. Il y a des sources de pétrole et beaucoup d'autres richesses minérales. L'industrie des draps est très-active dans ce département.

Chef-lieu : *Montpellier*, dans une situation agréable; sur le Lez, où cette ville possède le port Juvénal; à peu de distance de la Méditerranée et de l'emplacement de l'ancienne Maguelonne; superbe place du Peyrou; célèbre école de médecine et beau jardin botanique; fabriques d'étoffes de

… de siamoises et de vert-de-gris; commerce de vin et d'eau-de-vie; 38 000 hab. (46 000). Patrie des naturalistes Magnol et Broussonnet, du poëte Roucher, du médecin Barthez, de Cambacérès et de Daru.

Sous-préfectures : *Béziers* (anc. *Biterræ* ou *Bæterræ*), sur le canal du Midi; situation délicieuse; 17 000 habitants. Patrie du poëte Vanière et de Riquet, auteur du canal du Midi. — *Lodève* (anc. *Luteva*); fabriques de draps; 10 000 habitants. — *Saint-Pons-de-Thomières*; fabriques de drap.

Autres lieux remarquables : *Pézenas*, dans une très-agréable situation. — *Agde* (anc. *Agatha*), place forte et port très-commerçant, sur l'Hérault, près de son embouchure, à l'est de laquelle se trouve le fort Brescou. — *Cette* (anc. *Setius* ou *Setium*), place forte et port de mer, sur une langue de terre qui sépare l'étang de Thau de la Méditerranée, et à la tête d'un chemin de fer qui l'unit à Montpellier; 18 000 habitants. Près de là s'élève le fort Saint-Louis. — *Frontignan* et *Lunel*; vins renommés. — *Ganges*, sur l'Hérault; soieries. — *Clermont*; draps pour le Levant et pour les troupes. — *Bédarieux*; fabriques de drap; 10 000 habitants.

2° Bassin du Rhône.

Départements de la rive droite du Rhône.

Le département de l'Ain (373 000 habitants) comprend les anciens pays de Bresse propre, de Bugey, de Dombes et de Gex; il est couvert à l'est par les montagnes du Jura, qui sont riches en sites variés, et qui présentent, dans ce pays, leurs plus hauts sommets : le mont Reculet et le Grand-Crédo. L'ouest a des plaines fertiles en blé; le sud-ouest est remarquable par d'innombrables étangs, qui répandent souvent de l'insalubrité dans l'atmosphère. La Saône limite le département à l'ouest; le Rhône l'environne à l'est et au sud; l'Ain le parcourt du nord au sud.

Chef-lieu : *Bourg-en-Bresse*, ancienne capitale de la Bresse; belle église de Brou; patrie de Vaugelas, de l'astronome Lalande et de l'écrivain Jos. Michaud.

Sous-préfectures : *Trévoux*, dans une jolie situation, sur la Saône ; ancien collége des jésuites, où furent publiés un journal et un dictionnaire célèbres ; patrie du mathématicien Jacq. Ozanam. — *Nantua*, sur un joli lac. — *Belley*, ancienne capitale du Bugey ; pierres lithographiques ; patrie du médecin Richerand. — *Gex* ; fromages renommés.

Autres lieux remarquables : *Ferney*, célèbre par le séjour de Voltaire. — *Pont-de-Vaux*, près de la Saône ; patrie du général Joubert. — *Seyssel*, sur le Rhône ; mines d'asphalte.

Le **département du Rhône** (575 000 habitants), formé du Lyonnais propre et du Beaujolais, est le plus petit de la France après celui de la Seine ; mais aussi il renferme la plus grande ville de l'empire après Paris. Sa partie occidentale est couverte d'âpres montagnes, qui appartiennent aux Cévennes, et dont le point le plus élevé est le mont Pilat ; mais il présente, à l'est, des campagnes charmantes, arrosées par la Saône et le Rhône, qui forment assez longtemps la limite du pays. Il y a des vignobles renommés et des cultures de mûriers pour les vers à soie.

Chef-lieu : *Lyon* (anc. *Lugdunum*), au confluent du Rhône et de la Saône. C'est la seconde ville de France. Cathédrale Saint-Jean ; superbe hôtel de ville ; palais Saint-Pierre, qui renferme un riche musée d'arts et d'antiquités ; belle place Bellecour ; nombreuses fabriques de soieries renommées ; grands faubourgs de la *Guillotière* (avec les *Brotteaux*), de la *Croix-Rousse* et de *Vaize* ; 230 000 habitants (ces faubourgs compris, et 258 000 avec les étrangers, les militaires, etc.) ; beaux environs ; patrie du maréchal Suchet, de Camille Jordan, de Fleurieu, des Jussieu, d'Ampère, de Jacquart, de J. B. Say, de Philibert Delorme, des Audran, des Coustou, de Lemot, de Bergasse, de Ballanche, de Gérando, d'Aimé Martin et du major général Martin, qui a fondé la célèbre école de la Martinière pour l'enseignement des arts et métiers ; dans l'antiquité, Lyon a vu naître Sidoine Apollinaire.

Une seule sous-préfecture : *Villefranche-sur-Saône* ; commerce de bestiaux, de chevaux et de toile.

Autres lieux remarquables : *Tarare* ; fabriques de mousselines renommées. — *Beaujeu* ; commerce de vins très-estimés. — *Givors*, sur le Rhône, à l'endroit où aboutit un canal auquel elle donne son nom ; commerce de charbon de terre. — *Condrieu* ; vignobles fameux. — *Ampuis*, sur le Rhône ; vignobles de *Côte-Rôtie*. — *Chessy* ; mines de cuivre.

Le *département de l'Ardèche* (387 000 habitants) comprend l'ancien pays de Vivarais ; il est limité au nord-ouest par les Cévennes, qui y présentent leur plus haut sommet, le mont Mézen ou Mézenc. Il est borné à l'est par le Rhône ; la Loire et l'Allier l'arrosent à l'ouest ; l'Ardèche le parcourt au sud ; cette rivière roule des paillettes d'or ; elle offre à l'admiration du voyageur une belle cascade et le pont naturel d'Arc. Les pâturages, les châtaigniers et les mûriers sont la principale richesse du pays, intéressant d'ailleurs par une foule de curiosités naturelles.

Chef-lieu : *Privas*, dans une jolie situation ; commerce de cuirs.

Sous-préfectures : *Tournon*, sur le Rhône. — *Largentière* ; doit son nom à d'anciennes mines de plomb argentifère.

Autres lieux remarquables : *Annonay*, la plus importante ville du département ; papeteries, mégisseries, filatures de soie ; invention des aérostats par les frères Montgolfier. — *Aubenas*, sur l'Ardèche ; commerce de soie et de marrons. — *Viviers*, ancienne capitale du Vivarais, sur le Rhône.

Le *département du Gard* (408 000 habitants), formé de la partie sud-est du Languedoc, est couvert au nord-ouest de hautes montagnes, ramifications des Cévennes, et baigné au sud par la Méditerranée, dans le voisinage de laquelle il y a plusieurs étangs ou lagunes. On y trouve aussi des marais salants. Le sol est très-varié et généralement fertile ; il renferme de riches mines de fer. La vigne, l'olivier et le mûrier y prospèrent.

Le Rhône forme la limite orientale de ce département ; il y reçoit le Gardon et la Cèze, qui roule des paillettes d'or. Le sud du pays est traversé par le canal de Beaucaire.

Chef-lieu : *Nîmes* (anc. *Nemausus*), près du Gard, et à la jonction de chemins de fer qui la joignent à Montpellier, à Alais et à Beaucaire; plusieurs monuments antiques, dont les plus remarquables sont l'Amphithéâtre ou les Arènes, la Maison-Carrée, un arc de triomphe, et, à quelque distance, le pont du Gard, magnifique aqueduc romain ; manufactures de soieries ; 47 000 habitants. (54 000), qui sont la plupart calvinistes.

Sous-préfectures : *Alais* ; fabriques de rubans de soie ; forges importantes ; mines de charbon de terre ; 14 000 habitants. — *Uzès* ; patrie du missionnaire Bridaine. — *Le Vigan* ; patrie du chevalier d'Assas.

Autres villes remarquables : *Le Pont-Saint-Esprit*, sur le Rhône.—*Beaucaire*, sur le Rhône et sur un chemin de fer qui, d'un côté, se rattache à celui d'Avignon à Marseille, de l'autre se rend à Nîmes; foires célèbres ; 10 000 habitants. — *Saint-Gilles* ; commerce de vin. — *Aigues-Mortes*, à 4 kilomètres de la Méditerranée, avec laquelle elle communique par le canal de la Grande-Roubine, et à la jonction des canaux des Étangs et de Beaucaire ; c'est une petite place forte et un petit port, autrefois plus important, où saint Louis s'embarqua pour ses deux croisades. — *Saint-Hippolyte* ; château de *Florian*, où est né l'auteur de ce nom. — *La Grand'-Combe*, à la tête d'un chemin de fer qui l'unit à Alais ; mines de charbon de terre. — *Bagnols* ; patrie de Rivarol.

DÉPARTEMENTS SUR LA RIVE GAUCHE DU RHONE.

Le ***département de l'Isère*** (603 000 habitants) est bordé au nord et à l'ouest par le Rhône, et traversé du nord-est au sud-ouest par l'Isère, qui y reçoit le Drac ; il comprend d'anciens pays du nord du Dauphiné : le sivaudan et le Viennois, et une partie du Royanez. Les Alpes hérissent une grande partie du pays, à l'est, et y offrent des aspects grandioses, plusieurs curiosités qu'on appelle les merveilles du Dauphiné, et de magnifiques vallées, entre autres celle de Grésivaudan, arrosée par l'Isère. L'ouest a quelques plaines peu fertiles, mais aussi de riches coteaux vers le Rhône. Il y a dans ce département de beaux pâturages sur les montagnes, de grandes forêts de sapins, des vins renommés et des mines de fer, d'argent, de plomb, de mercure et d'or.

Chef-lieu : *Grenoble* (anc. *Cularo*, puis *Gratianopolis*), sur l'Isère; place forte; ganterie renommée, patrie du chevalier Bayard, des écrivains Mably et Condillac, de Vaucanson, de Barnave et de Casimir Périer; 25 000 habitants (31 000).

Sous-préfectures : *Vienne* (anc. *Vienna*), ville très-ancienne, sur le Rhône; fabriques de drap; mines de plomb argentifère; 15 500 habitants (21 000); concile de 1311, où fut aboli l'ordre des Templiers. — *La Tour du Pin*, a donné son nom à une famille célèbre. — *Saint-Marcellin*, près de l'Isère; vins estimés.

Autres lieux remarquables : *Bourgoin*; manufactures d'indiennes. — *Voiron*; toiles estimées. — *Sassenage*; fromages renommés. — *La Grande-Chartreuse*, monastère célèbre. — *Uriage*; eaux thermales très-fréquentées. — *Le Pont de Beauvoisin*, sur le Guiers; la France n'a qu'une partie de cette ville; l'autre est à la Savoie. — *Le Fort-Barraux*, place forte, vers l'entrée de l'Isère en France. — *Saint-Gervais*; usines de l'artillerie de marine.

Le département de la Drôme (327 000 habitants) a été formé du Valentinois, du Tricastin, du Diois et d'une partie du Royanez. Il ressemble à une espèce d'amphithéâtre formé par des montagnes détachées des Alpes, qui vont en s'abaissant de l'est à l'ouest, jusqu'à la rive gauche du Rhône. Ce fleuve reçoit les deux principales rivières du département : l'Isère et la Drôme, qui se précipitent avec la rapidité d'un torrent. Le sol est presque partout maigre et sablonneux ; mais, par des irrigations bien entendues, il devient propre à toutes sortes de cultures. Sur les bords du Rhône, on récolte des vins renommés.

Chef-lieu : *Valence* (anc. *Valentia*), sur le Rhône ; commerce de soieries ; patrie du général Championnet ; 11 000 habitants.

Sous-préfectures : *Montélimart*, près du Rhône, dans un pays très-agréable. — *Die* (anc. *Dea*), sur la Drôme; commerce de soie. — *Nyons*, à l'entrée d'une magnifique vallée.

Autres lieux remarquables : *Romans*, ville très-commerçante, sur l'Isère. — *Tain*, sur le Rhône ; célèbre vignoble de l'*Ermitage* dans le voisinage. — *Crest*, sur la Drôme ; commerce de soie. — *Dieu-le-fit*, ville industrieuse ; eaux minérales.

Le **département de Vaucluse** (265 000 habitants) a été formé de l'État d'Avignon, qui a appartenu aux papes jusqu'en 1790, et qui était composé du Comtat Venaissin et du Comtat d'Avignon. Il comprend aussi la principauté d'Orange, qui faisait partie du Dauphiné. Il est couvert, dans toute sa partie orientale, de montagnes élevées, ramifications des Alpes : la plus remarquable est le mont Ventoux. Le Rhône et la Durance forment la limite à l'ouest, au sud-ouest et au sud. Le pays est bien cultivé et très-riant ; les coteaux sont chargés de vignes, de mûriers et d'oliviers ; les plaines offrent de riches récoltes de céréales et de garance.

Chef-lieu : *Avignon* (anc. *Avenio*), sur le Rhône et sur un chemin de fer qui l'unit à Marseille et qui la joindra bientôt à Lyon ; elle fut longtemps la résidence des papes, qui l'ont ornée d'un grand nombre de beaux édifices ; commerce de vin, d'huile et de parfums ; patrie du peintre Joseph Vernet ; 27 000 habitants (36 000).

Sous-préfectures : *Carpentras* (anc. *Carpentoracte*), ancienne capitale du Comtat Venaissin ; Crillon et Fléchier sont nés dans le voisinage. — *Orange* (anc. *Arausio*), ancienne capitale d'une principauté du même nom ;

monuments romains. — *Apt* (anc. *Apta Julia*) ; manufacture de faïence ; cathédrale curieuse.

Autres lieux remarquables : *Cavaillon* (anc. *Cabellio*), sur la Durance ; commerce de fruits secs et confits. — *L'Ile*, ville industrieuse, sur la Sorgues. — *Vaucluse*, village dans une vallée délicieuse : c'est là que se trouve, au fond d'un gouffre profond entouré de rochers, la célèbre fontaine de Vaucluse, que Pétrarque a chantée, et qui donne naissance à la Sorgues, affluent du Rhône. — *Valréas*, patrie du cardinal Maury.

Le département des Bouches-du-Rhône (429 000 habitants), formé du sud-ouest de la Provence, renferme, au nord et à l'est, des montagnes qui sont les dernières ramifications des Alpes. La Durance et le Rhône l'environnent au nord et à l'ouest. Il y a deux canaux principaux : celui d'Arles à Bouc, qui supplée à la navigation du Rhône, et celui de Craponne, qui fait communiquer le Rhône à la Durance. On y remarque plusieurs grands étangs, ou plutôt des lacs, dont les principaux sont ceux de Berre et de Valcarès. Il y a de riches plantations d'oliviers et de mûriers. C'est dans le département des Bouches-du-Rhône que se trouve l'île de la Camargue, formée entre les deux principaux bras du Rhône et riche en pâturages, où paissent des chevaux et des bœufs superbes. La plaine déserte de la Crau, entièrement couverte de cailloux roulés, s'étend entre cette île et l'étang de Berre.

Chef-lieu : *Marseille* (anc. *Massilia*), sur une baie du golfe du Lion ; la troisième ville de France par sa population, qui est de 142 000 habitants (195 000) ; beau port, défendu par des forts qui occupent les collines voisines et par les îles fortifiées de Ratoneau, de Pomègue et du Château-d'If ; belles rues du Grand-Cours et de la Canebière ; très-grand commerce ; fabriques de savon renommé ; patrie du prédicateur Mascaron, du sculpteur Puget, du grammairien Dumarsais ; dans l'antiquité, elle a produit Pythéas et Pétrone.

Sous-préfectures : *Aix* (anc. *Aquæ Sextiæ*), ancienne

capitale de la Provence ; huile d'olive très-estimée ; eaux minérales ; patrie des naturalistes Tournefort et Adanson, du peintre Vanloo, du philosophe Vauvenargues et du navigateur d'Entrecasteaux ; 18 000 hab. (27 000). — *Arles* (anc. *Arelate*), sur le Rhône, vers l'endroit où il se divise en deux bras pour former l'île de la Camargue ; antiquités romaines et du moyen âge fort curieuses ; port communiquant avec la mer par le canal d'Arles à Bouc ; 15 000 habitants (23 000).

Autres lieux remarquables : *Tarascon* (anc. *Tarasco*), sur le Rhône, en face de Beaucaire ; 10 000 hab. — *Salon*, jolie petite ville. — *Lambesc* ; patrie de Suffren. — *Saint-Remy*, remarquable par le travail de la soie et un arc de triomphe romain. — *Les Martigues*, vers l'étang de Berre, avec un port qui se trouve à *Bouc*, à l'extrémité du détroit qui conduit à l'étang. — *La Ciotat*, port de mer ; vins muscats. — *Cassis* ; patrie de l'abbé Barthélemy.

DÉPARTEMENTS DU BASSIN DE LA SAONE, AFFLUENT DE DROITE DU RHONE.

Le *département du Jura* (313 000 habitants) a été formé de la partie méridionale de la Franche-Comté, c'est-à-dire les bailliages d'Aval et de Dôle ; il touche à la Suisse, et il est couvert à l'est par les montagnes dont il tire son nom. Le canal du Rhône au Rhin, le Doubs et la Loue, son affluent, le parcourent au nord ; il est arrosé au sud par l'Ain, dont on visite avec intérêt les sources, curieuses par l'abondance de leurs eaux et par le profond et pittoresque amphithéâtre d'où elles sortent. Le pays est riche en céréales, vin, bois, chevaux estimés, fer et sel.

Chef-lieu : *Lons-le-Saunier*, assez jolie ville ; salines ; patrie du général Lecourbe et de l'écrivain Roux de Rochelle ; le célèbre médecin Bichat est né dans le voisinage.

Sous-préfectures : *Dôle*, sur le Doubs, dans une jolie vallée ; 10 000 habitants. — *Poligny*, patrie de Coythier, médecin de Louis XI. — *Saint-Claude* ; fabriques d'ouvrages en bois, en corne, en écaille, en os et en ivoire, connus sous le nom de *tourneries de Saint-Claude*.

Autres lieux remarquables : *Salins*, au pied de la montagne pittoresque du Poupet ; importantes salines. — *Arbois*; vins renommés; patrie du général Pichegru.

Le département du Doubs (297 000 habitants), formé du bailliage de Besançon, dans la Franche-Comté, et limitrophe de la Suisse, est couvert au sud-est par les montagnes du Jura, qui y présentent le plateau d'Étalans, et est arrosé par le Doubs, qui y prend sa source et y décrit un vaste circuit : cette rivière forme, dans le haut du département, le lac de Saint-Point ; elle coule quelque temps sur la frontière de la Suisse, et c'est là qu'elle produit la belle cascade connue sous le nom de Saut du Doubs ; le canal du Rhône au Rhin la longe dans une grande partie de son cours. Le département est limité au nord par l'Oignon, affluent de la Saône. Il est surtout riche en pâturages et en forêts.

Chef-lieu : *Besançon* (anc. *Vesontio*), place forte, sur le Doubs; commerce de dentelles et d'horlogerie ; 29 000 habitants (41 000). Patrie de Charles Nodier ; le maréchal Moncey est né dans le voisinage.

Sous-préfectures : *Baume-les-Dames*, près du Doubs ; ancien monastère célèbre. — *Montbéliard*, ville fortifiée ; patrie des deux Cuvier. — *Pontarlier*, sur le Doubs ; forges et hauts fourneaux.

Autres lieux remarquables : *Osselle* ; grottes célèbres. — *Ornans*, patrie du cardinal de Granvelle et de l'historien Millot; curieux puits naturel de la Brême, dont les eaux s'élèvent pendant les pluies et rejettent des poissons. — *Blamont* et *Château-de-Joux*, deux forteresses, sur la frontière.

Le département de la Haute-Saône (347 000 habitants), formé du bailliage d'Amont, dans la Franche-Comté, est arrosé par la Saône et l'Oignon, son affluent. C'est un des plus riches de la France en productions minérales, et il y a de nombreuses et importantes forges.

Chef-lieu : *Vesoul*, assez jolie ville, agréablement située au pied de la montagne appelée Motte de Vesoul.

Sous-préfectures : *Gray*, à la tête de la navigation de la Saône; commerce de grains et de fer. — *Lure*, sur l'Oignon.

Autres lieux remarquables : *Luxeuil*; eaux minérales; ancien monastère, fameux sous les Mérovingiens. — *Port-sur-Saône*; commerce de fer et de bestiaux.

Le **département de la Côte-d'Or** (400 000 habitants), formé du Dijonnais, de l'Auxois et d'une grande partie du pays de la Montagne (en Bourgogne), tire son nom de la chaîne de montagnes qui le traverse du nord au sud, et qui doit le sien aux riches vignobles de ses pentes orientales, particulièrement dans le sud de ce pays.

L'est du département est très-fertile. L'ouest est montueux et beaucoup moins riche.

Chef-lieu : *Dijon* (anc. *Divio*), jolie ville, sur l'Ouche, sur le canal de Bourgogne et sur le chemin de fer de Paris à Lyon; belle cathédrale; patrie de saint Bernard, de Jean sans Peur, de Charles le Téméraire, de Bossuet, de Crébillon, de Piron et du musicien Rameau; 28 000 hab.

Sous-préfectures : *Beaune*, sur le chemin de fer de Paris à Lyon; excellents vins; patrie du savant Monge; 10 000 habitants. — *Châtillon-sur-Seine*; congrès de 1814, lors de l'invasion de la France par les alliés. — *Semur*; patrie de Saumaise, et château de Bourbilly, où est née Mme de Sévigné.

Autres lieux remarquables : *Auxonne*, place forte, sur la Saône. — *Saint-Jean de Lône* ou *Belle-Défense*, à la jonction de la Saône et du canal de Bourgogne; courageuse résistance de 1636 contre les Impériaux.— *Cîteaux*; ancienne abbaye célèbre. — *Nuits* et *Vougeot*; vins renommés. — *Fontaine-Française*; victoire de Henri IV sur Mayenne et les Espagnols, en 1595. — *Montbard*; patrie de Buffon et de Daubenton. — *Saulieu* (anc. *Sidoleucum* ou *Sedelaucum*), ville très-ancienne; patrie de [illegible]ban. — *Arnay-le-Duc*; victoire de Coligny en 1570. — *Alise* ou *Ste-Reine*, l'ancienne *Alesia*, si connue par la résistance que César y opposa à tous les Gaulois confédérés ; a donné son nom à l'Auxois.

Le département de Saône-et-Loire (575 000 habitants), formé de la partie de la Bourgogne qui comprenait le Mâconnais, le Chalonnais, la Bresse chalonnaise, l'Autunois, le Charollais et le Brionnais, est traversé du nord au midi par un chaîne de montagnes qui forme, d'un côté, la partie la plus méridionale de la Côte-d'Or, et, de l'autre, la partie la plus septentrionale des Cévennes. La Saône arrose du nord au sud l'orient du pays, où elle parcourt de vastes et fertiles plaines ; la Loire coule du sud au nord dans la partie occidentale. Le canal du Centre s'étend de l'un à l'autre de ces cours d'eau. Les vins, les blés, les bois et les mines de charbon de terre enrichissent ce département.

Chef-lieu : *Mâcon* (anc. *Matisco*), sur la Saône ; belle position ; vins renommés ; 13 000 habitants.

Sous-préfectures : *Autun* (anc. *Bibracte*, puis *Augustodunum*), sur l'Arroux ; antiquités ; patrie du président Jeannin et de Mme de Genlis ; 10 000 habitants. — *Charolles*, sur la Reconce, affluent de la Loire ; beaux pâturages ; commerce de bœufs. — *Chalon-sur-Saône* (anc. *Cabillonum*), place forte et ville très-commerçante, à la jonction du canal du Centre et de la Saône, et sur le chemin de fer de Paris à Lyon ; patrie de Nicéphore Niepce ; 16 000 habitants. — *Louhans*, sur la Seille, affluent de la Saône ; commerce de blé.

Autres lieux remarquables : *Le Creusot* ; mines de charbon de terre, et grands établissements pour le travail du fer. — *Épinac* ; mines de houille et de fer. — *Bourbon-Lancy*, près de la Loire ; eaux minérales. — *Cluny* ; ancienne abbaye célèbre ; patrie du peintre Prudhon. — *Tournus*, sur la Saône ; patrie du peintre Greuze. — *Digoin*, ville commerçante, à la jonction du canal du Centre et de la Loire, sur laquelle un beau pont-aqueduc fait communiquer ce canal avec le canal latéral. — *Romanèche*; riche mine de manganèse; célèbres vignobles des *Thorins* et du *Moulin-à-Vent*.

DÉPARTEMENTS DU BASSIN DE LA DURANCE, AFFLUENT DE GAUCHE DU RHONE.

Le **département des Hautes-Alpes** (132 000 habitants), formé du Gapençais, de l'Embrunais, du Briançonnais et du Champsaur (partie du Dauphiné), est couvert au nord-est par les Alpes, dont les masses majestueuses et élancées ont pour points culminants l'Olan, le Pelvoux et le pic des Écrins ou des Arsines. Ces montagnes s'abaissent par degrés du nord-est au sud-ouest, en présentant graduellement des glaciers, puis des forêts, de gras pâturages et enfin de riches vallées livrées à la culture. L'impétueuse Durance est la seule rivière remarquable du département. Une partie des habitants, dans les cantons montagneux surtout, émigrent périodiquement.

Gap (anc. *Vapincum*); tombeau de Lesdiguières, qui est né dans le voisinage, à *Saint-Bonnet de Champsaur*.

Sous-préfectures : *Embrun* (anc. *Ebrodunum*), place forte, sur un rocher escarpé. — *Briançon* (anc. *Brigantio*), autre place forte, sur la Durance, dans une position presque inexpugnable; c'est la ville la plus élevée de France.

Autres lieux remarquables : *Mont-Dauphin* et *Queyras*, petites places fortes.

Le **département des Basses-Alpes** (152 000 habitants), formé de la partie nord-est de la Provence, renferme à l'est une contrée montagneuse, hérissée de cimes élevées et d'âpres rochers; mais vers l'ouest, sont des pâturages célèbres, où arrivent, chaque année, d'immenses troupeaux de moutons appartenant aux départements voisins.

Chef-lieu : *Digne* (anc. *Dinia*), dans une position pittoresque.

Sous-préfectures : *Sisteron* (anc. *Segustero*), sur la Durance. — *Forcalquier*, autrefois plus considérable. — *Barcelonnette*, dans une remarquable vallée du même nom, sur l'Ubaye. — *Castellane*, au pied de la haute Roche de Castellane.

Autres lieux remarquables : *Manosque*; commerce de fruits et de toiles. — *Colmars*, place forte; fontaine intermittente remarquable. — *Seyne*, *Tournoux*, *Entrevaux*, places fortes. — Le fort *Saint-Vincent*. — *Champtercier*, près de Digne; patrie de Gassendi.

BASSINS DE L'ARGENS ET DU VAR.

Le département du Var (358 000 habitants) occupe l'extrémité sud-est de la France et le sud-est de l'ancienne Provence. Il est presque partout hérissé de montagnes, ramifications des Alpes; mais, vers la côte, sont des coteaux riants, revêtus de vignobles, d'oliviers et même d'orangers. Le Var, qui cause souvent de grands ravages dans ses débordements, et l'Argens, qui se jette comme lui dans la Méditerranée, sont les principales rivières. Le sol, généralement sec et pierreux, ne doit sa fertilité qu'à l'industrie des habitants. Près des côtes on remarque deux groupes d'îles : le plus considérable est celui des îles d'Hyères, dont on compte trois principales, c'est-à-dire l'île du Levant ou du Titan, Portcros, et Porquerolles, en face de laquelle s'avance la presqu'île de Giens. L'autre groupe comprend les deux îles de Lerins, dont la plus grande, nommée Sainte-Marguerite, est connue par la détention du fameux *Masque de Fer*; la plus petite est Saint-Honorat, célèbre par le monastère qu'y fonda le saint de ce nom dans le IVe siècle.

Chef-lieu : *Draguignan*, dans une situation agréable; commerce d'huile d'olive.

Sous-préfectures : *Toulon* (anc. *Telo Martius*), ville forte, port militaire du premier ordre et le premier arsenal de la France, sur la Méditerranée, avec une rade superbe; grand commerce de vin, d'huile et de savon;

39 000 habitants (69 000, y compris les marins, les étrangers, les condamnés du bagne à l'époque du recensement); livrée aux Anglais en 1793, et reprise après un siége fameux où le génie militaire du jeune Bonaparte se dévoila; patrie de l'amiral Truguet. — *Grasse*; commerce de parfums, de fruits et d'huile renommés. — *Brignolles*; très-beau climat; prunes estimées; patrie de Raynouard.

Autres lieux remarquables : *Hyères*, agréablement située près de la Méditerranée, en face des îles d'Hyères; climat d'une douceur remarquable; patrie de Massillon. — *Fréjus* (anc. *Forum Julii*), à peu de distance du golfe du même nom, où *Saint-Raphaël* lui sert de port : c'est là que débarqua Napoléon en 1799, à son retour d'Égypte. Patrie de Sieyès; dans l'antiquité elle a vu naître le poëte Cornélius Gallus, l'acteur Roscius, et Agricola, beau-père de Tacite. — *Cannes*, non loin de laquelle Napoléon débarqua en 1815, à son retour de l'île d'Elbe. — *Antibes* (anc. *Antipolis*), port et place forte; antiquités romaines. — *Vence*, ancien évêché. — *Saint-Tropez*, petit port et place forte.

4° Ile de Corse.

Le *département de la Corse* (236 000 habitants) est formé de l'île de ce nom, qui n'appartient à la France que depuis 1768 : auparavant elle dépendait des Génois. Du reste, elle est *physiquement* une partie de l'Italie plutôt que de la France; la proximité, le climat, le langage, les mœurs, la rattachent à l'Italie; cependant les habitants sont vivement dévoués à leur nouvelle patrie politique.

C'est la plus grande de nos îles. Elle est située à 150 kilomètres sud-est de la Provence, et au nord de la Sardaigne, dont les Bouches de Bonifacio la séparent. Elle se termine au nord par un long et haut promontoire qu'on nomme cap Corse. Une chaîne de montagnes fort élevées parcourt le pays du nord au sud, et le couvre presque entièrement de ses ramifications; on y distingue le Monte

Rotondo, le Monte Grosso et le Monte d'Oro, qui ont plus de 2600 mètres de hauteur. Le Golo, à l'est, et le Liamone, à l'ouest, sont les principales rivières.

La Corse présente une structure hardie et pittoresque; les montagnes y sont hérissées de rochers taillés à pic, et leurs flancs sont revêtus d'épaisses forêts de chênes, de sapins, de pins magnifiques et de grands buis.

Les vallées sont belles et fertiles, et le climat est favorable à la vigne, aux orangers, aux citronniers, aux oliviers, à la garance, aux mûriers; mais la culture est fort négligée. Il y a beaucoup de mines de métaux, des carrières de beaux marbres, de superbe granit orbiculaire, et de l'amiante ou asbeste, cette pierre extraordinaire, dont les filaments minces et flexibles peuvent se filer comme le chanvre et le coton.

Les Corses sont un peuple courageux, vif, sobre, hospitalier, avide de gloire et non de richesses, susceptible de passions violentes, et trop enclin à la vengeance.

Chef-lieu : *Ajaccio*, sur la côte occidentale; place forte et beau port; lieu de naissance de Napoléon, en 1769; 10000 habitants.

Sous-préfectures : *Bastia*, place forte de 1re classe et bon port, sur la côte orientale; 14 000 habitants; patrie de Paoli. — *Corte*, place forte, au centre de l'île, sur le Tavignano. — *Calvi*, sur la côte nord-ouest. — *Sartène*, dans le sud.

Autres lieux remarquables : *Saint-Florent*, petite place forte, sur la côte nord de l'île. — *Bonifacio*, beau port et place forte, à l'extrémité sud de l'île, sur les Bouches de Bonifacio. — *Porto-Vecchio*, sur une belle baie de la côte orientale. — *Aleria*, ville antique et petite place forte.

CHAPITRE X.

RÉSUMÉ DE LA CONCORDANCE DES DÉPARTEMENTS ET DES PROVINCES.

Nous avons fait connaître, dans le chapitre précédent, les diverses parties des anciens gouvernements dont les départements ont été formés. Nous allons résumer la concordance *approximative* des deux sortes de divisions.

Versant de la mer du Nord. — L'ALSACE a formé deux départements : le *Bas-Rhin*, — le *Haut-Rhin*.

Le gouvernement de LORRAINE-ET-BARROIS a formé quatre départements : la *Meuse*, — la *Moselle*, — la *Meurthe*, — les *Vosges*.

La FLANDRE a formé le département du *Nord*.

L'ARTOIS a formé le département du *Pas-de-Calais*.

Versant de la Manche. — La PICARDIE a formé le département de la *Somme*.

Le gouvernement de CHAMPAGNE-ET-BRIE a formé quatre départements : les *Ardennes*, — la *Marne*, — l'*Aube*, — la *Haute-Marne*.

L'ILE-DE-FRANCE a formé cinq départements : la *Seine*, — *Seine-et-Oise*, — *Seine-et-Marne*, — l'*Oise*, — l'*Aisne*.

La NORMANDIE a formé cinq départements : la *Seine-Inférieure*, — l'*Eure*, — le *Calvados*, — la *Manche*, — l'*Orne*.

Province partagée entre les versants de la Manche et du golfe de Gascogne. — La BRETAGNE a formé cinq départements : *Ille-et-Vilaine*, — les *Côtes-du-Nord*, — le *Finisterre*, — le *Morbihan*, — la *Loire-Inférieure*.

Versant du golfe de Gascogne. — Le BOURBONNAIS a formé le département de l'*Allier*.

Le NIVERNAIS a formé le département de la *Nièvre*.

Le Berri a formé deux départements : le *Cher*, — l'*Indre*.

L'Orléanais a formé trois départements : le *Loiret*, — *Eure-et-Loir*, — *Loir-et-Cher*.

La Touraine a formé le département d'*Indre-et-Loire*.

L'Anjou a formé le département de *Maine-et-Loire*.

Le gouvernement de Maine-et-Perche a formé deux départements : la *Sarthe*, — la *Mayenne*.

L'Auvergne a formé deux départements : le *Puy-de-Dôme*, — le *Cantal*.

La Marche a formé le département de la *Creuse*.

Le Limousin a formé deux départements la *Corrèze*, — la *Haute-Vienne*.

Le Poitou a formé trois départements : la *Vendée*, — les *Deux-Sèvres*, — la *Vienne*.

L'Angoumois a formé le département de la *Charente*.

L'Aunis et la Saintonge ont formé le département de la *Charente-Inférieure*.

La Guienne a formé six départements : la *Dordogne*, — le *Lot*, — l'*Aveyron*, — *Tarn-et-Garonne*, — *Lot-et-Garonne*, — la *Gironde*.

La Gascogne a formé trois départements : les *Landes*, — le *Gers*, — les *Hautes-Pyrénées*.

Le Béarn a formé le département des *Basses-Pyrénées*.

Le Comté de Foix a formé le département de l'*Ariége*.

Provinces partagées entre les versants de la Méditerranée et du golfe de Gascogne. — Le Languedoc a formé huit départements, dont trois baignés par la mer : l'*Aude*, — l'*Hérault*, — le *Gard*, — et cinq intérieurs : la *Haute-Garonne*, — le *Tarn*, — la *Lozère*, — la *Haute-Loire*, — l'*Ardèche*.

Le Lyonnais a formé deux départements : le *Rhône*, — la *Loire*.

Province partagée entre les versants de la Manche, de la Méditerranée et du golfe de Gascogne. — Le gouvernement de Bourgogne-et-Bresse a formé quatre départements : l'*Yonne* (qui appartient aussi en grande partie à la Champagne), — la *Côte-d'Or*, — *Saône-et-Loire*, — l'*Ain*.

Versant de la Méditerranée. — La Franche-Comté a formé trois départements : le *Doubs*, — la *Haute-Saône*, — le *Jura*.

Le Dauphiné a formé trois départements : l'*Isère*, — la *Drôme*, — les *Hautes-Alpes*.

L'État d'Avignon a formé le département de *Vaucluse*.

La Provence a formé trois départements : les *Bouches-du-Rhône*, — les *Basses-Alpes*, — le *Var*.

Le Roussillon a formé le département des *Pyrénées-Orientales*,

L'Ile de Corse a formé le département de la *Corse*.

CHAPITRE XI.

STATISTIQUE DE LA FRANCE.

Superficie, population. — La superficie de la France est de 52 768 618 hectares, ou d'environ 527 690 kilomètres carrés. Sur cette étendue, on trouve 4 269 000 hectares de pays de montagnes ; 5 676 400 hectares de pays de bruyères et de landes ; 7 276 000 hectares de riche terreau ; 9 788 000 hectares de sol crayeux ou de calcaire ; le reste est en terrain sablonneux, de gravier, etc.

La population, d'après le recensement de 1851, s'élève à 35 781 628 habitants. Ce qui donne une moyenne d'à peu près 68 habitants par kilomètre carré.

En comparant le mouvement de la population depuis 1790, on trouve les résultats suivants :

		Augmentation depuis le recensement précédent.
1790.....	26 363 000	
1798.....	28 810 694.....	2 447 694

		Augmentation depuis le recensement précédent.
1801.....	27 349 000	
1820.....	30 451 187.....	3 102 187
1831.....	30 560 934.....	109 747
1835.....	32 569 223.....	2 008 289
1841.....	34 240 178.....	1 607 955
1846.....	35 400 486.....	1 160 308
1851.....	35 781 628.....	381 142

L'accroissement de la population en France procède plus lentement que dans plusieurs pays d'Europe : ce n'est qu'après 105 ans que, dans les circonstances les plus favorables, la population serait doublée, tandis qu'en Prusse ce résultat serait atteint en 26 années.

Les départements les plus populeux et en même temps les plus industrieux sont ceux de la Seine, du Nord, de la Seine-Inférieure, du Pas-de-Calais, du Bas-Rhin, du Haut-Rhin et du Rhône; c'est dans les Hautes-Alpes, les Basses-Alpes, les Landes, la Lozère et la Corse que la population est le plus clair-semée. Les départements où se trouve la populalion absolue la plus considérable, sont ceux de la Seine (1 422 000 habitants), du Nord (1 158 000 habitants), de la Seine-Inférieure (762 000 habitants), du Pas-de-Calais (693 000 habitants), des Côtes-du-Nord (633 000 habitants), du Finisterre (618 000 habitants), de l'Isère (603 000 habitants) et de la Manche (601 000 habitants). Après la capitale, peuplée de 996 000 habitants (1 053 000 avec les étrangers, les militaires, etc.), les onze villes les plus importantes sont : Lyon, de 230 000 habitants (258 000); Marseille, de 142 000 (195 000); Bordeaux, de 123 000 (130 000); Rouen, de 92 000 (100 000); Nantes, de 86 000 (96 000); Toulouse, de 71 000 (93 000); Lille, de 68 000 (75 000); Strasbourg, de 65 000 (75 000); Saint-Étienne, de 54 000 (56 000); Nîmes, de 47 000 (54 000); Amiens, de 44 000 (52 000); Metz, de 43 000 (58 000).

Quoique formés, dans l'origine, d'éléments assez divers, celtique, romain, germanique, normand, les Français sont aujourd'hui la nation la plus homogène de l'Europe. Leur caractère général est la vivacité. Ils ont l'imagination ardente, un courage bouillant; ils embrassent avec chaleur et enthousiasme les projets les plus hardis, et se livrent facilement aux entreprises les plus aventureuses. Ils sont célèbres, entre tous les peuples, par leur urbanité, la finesse de leur esprit, leurs penchants généreux et hospitaliers; mais on leur reproche de l'inconstance; ils se rebutent aisément, et abandonnent souvent leurs premiers projets pour de nouveaux.

Outre le français, on parle quelques autres langues sur différents points : l'allemand en Alsace et dans une partie de la Lorraine; le flamand, dans une partie de la Flandre et de l'Artois; le bas-breton, reste de la langue celtique, dans l'ouest de la Bretagne; le basque, dans les Pyrénées, et l'italien, en Corse. Des patois sont en usage dans un grand nombre de localités; mais ces patois et les mœurs locales tendent peu à peu à disparaître, par suite des communications de jour en jour plus faciles, d'une administration et d'une législation parfaitement uniformes, et aussi, comme nous l'avons déjà dit, de la division en départements.

Gouvernement. — Le gouvernement de la France est un empire. L'empereur gouverne avec le concours : 1° d'un *sénat*, composé de membres choisis par lui; 2° d'un *corps législatif*, dont les membres sont élus par la nation; 3° d'un *conseil d'État*, dont les membres sont nommés par l'empereur, et qui est chargé de juger les conflits de toutes les administrations publiques, et de préparer les projets de loi d'intérêt général.

Sous la direction immédiate de l'empereur sont neuf ministères, chargés de toutes les diverses branches de l'administration : 1° le ministère d'État; 2° le ministère de la justice; 3° le ministère des affaires étrangères; 4° le ministère des finances; 5° le ministère de l'intérieur; 6° le ministère de la guerre; 7° le ministère de la marine et des colonies; 8° le ministère de l'instruction publique des cultes ; 9° le ministère de l'agriculture, du commerce et des travaux publics.

Divisions administratives.—Chaque département est administré civilement, sous la direction du ministère de l'intérieur, par un *préfet*, assisté d'un conseil de préfecture; les arrondissements le sont par des *sous-préfets*, excepté ceux qui ont pour chef-lieu le chef-lieu même du département et qui sont administrés directement par le préfet. Chaque arrondissement comprend un certain nombre de divisions, partie judiciaires, partie civiles, nommées *cantons*, à la tête desquelles sont des juges de paix; chaque canton comprend plusieurs *communes*, dont chacune est dirigée par un *maire*.

Ainsi, en résumé, la France se divise en départements; les départements sont divisés en arrondissements, les arrondissements en cantons, les cantons en communes. Il y a 363 arrondissements, 2847 cantons et 36 835 communes.

Les communes ont pour chef-lieu, soit une *ville*, soit un *bourg*, soit un *village*; les petits groupes d'habitations qui dépendent des chefs-lieux de commune sont des *hameaux*.

Divisions militaires. — Sous le rapport militaire, la France est partagée en 21 *divisions*, qui embrassent 86 *subdivisions*; en voici le tableau :

DIVISIONS.	SUBDIVISIONS.
1re Paris	1re Seine. — 2e Seine-et-Oise. — 3e Oise. — 4e Seine-et-Marne. — 5e Aube. — 6e Yonne. — 7e Loiret. — 8e Eure-et-Loir.
2e Rouen	1re Seine-Inférieure. — 2e Eure. — 3e Calvados. — 4e Orne.
3e Lille	1re Nord. — 2e Pas-de-Calais. — 3e Somme.
4e Chalons-s-Marne	1re Marne. — 2e Aîne. — 3e Ardennes.
5e Metz	1re Moselle. — 2e Meuse. — 3e Meurthe. — 4e Vosges.
6e Strasbourg	1re Bas-Rhin. — 2e Haut-Rhin.
7e Besançon	1re Doubs. — 2e Jura. — 3e Côte-d'Or. — 4e Haute-Marne. — 5e Haute-Saône.
8e Lyon	1re Rhône. — 2e Loire. — 3e Saône-et-Loire. — 4e Ain. — 5e Isère. — 6e Hautes-Alpes. — 7e Drôme. — 8e Ardèche.
9e Marseille	1re Bouches-du-Rhône. — 2e Var. — 3e Basses-Alpes. — 4e Vaucluse.
10e Montpellier	1re Hérault. — 2e Aveyron. — 3e Lozère. — 4e Gard.
11e Perpignan	1re Pyrénées-Orientales. — 2e Ariége. — 3e Aude.
12e Toulouse	1re Haute-Garonne. — 2e Tarn-et Garonne. — 3e Lot. — 4e Tarn.
13e Bayonne	1re Basses-Pyrénées. — 2e Landes. — 3e Gers. — 4e Hautes-Pyrénées.
14e Bordeaux	1re Gironde. — 2e Charente-Inférieure. — 3e Charente. — 4e Dordogne. — 5e Lot-et-Garonne.
15e Nantes	1re Loire-Inférieure. — 2e Maine-et-Loire. — 3e Deux-Sèvres. — 4e Vendée.
16e Rennes	1re Ille-et-Vilaine. — 2e Morbihan. — 3e Finisterre. — 4e Côtes-du-Nord. — 5e Manche. — 6e Mayenne.
17e Bastia (Corse)	(Pas de subdivision).
18e Tours	1re Indre-et-Loire. — 2e Sarthe. — 3e Loir-et-Cher. — 4e Vienne.
19e Bourges	1re Cher. — 2e Nièvre. — 3e Allier. — 4e Indre.
20e Clermont-Ferr.	1re Puy-de-Dôme. — 2e Haute-Loire. — 3e Cantal.
21e Limogès	1re Haute-Vienne. — 2e Creuse. — 3e Corrèze.

On compte dans tout le pays 200 places fortes, dont on a fait connaître les principales, en décrivant les limites de la France.

Divisions judiciaires. — La justice est rendue, dans chaque canton, par les juges de paix; au-dessus, sont tribunaux de première instance, aussi nombreux que les arrondissements; ces tribunaux ressortissent à des cours impériales, au nombre de vingt-sept, établies à Agen, Aix, Amiens, Angers, Bastia, Besançon, Bordeaux, Bourges, Caen, Colmar, Dijon, Douai, Grenoble, Limoges, Lyon, Metz, Montpellier, Nancy, Nîmes, Orléans, Paris, Pau, Poitiers, Rennes, Riom, Rouen, Toulouse. Au-dessus de ces cours, est celle de cassation, qui prononce sur les demandes en cassation contre les arrêts et jugements en dernier ressort des cours et des tribunaux.

Divisions ecclésiastiques. — La très-grande majorité de la population française est catholique. Ce culte comprend quatre-vingts diocèses, dont quinze archevêchés et soixante-cinq évêchés. Voici le tableau des archevêchés, avec les évêchés suffragants.

ARCHEVÊCHÉS.	ÉVÊCHÉS.
AIX	Gap, Digne, Marseille, Fréjus, Ajaccio.
ALBY	Mende, Rodez, Cahors, Perpignan.
AUCH	Tarbes, Aire, Bayonne.
AVIGNON	Valence, Viviers, Nîmes, Montpellier.
BESANÇON	Verdun, Metz, Nancy, Strasbourg, St-Dié, Belley.
BORDEAUX	Luçon, Poitiers, La Rochelle, Angoulême, Périgueux, Agen.
BOURGES	Limoges, Clermont-Ferrand, Tulle, Saint-Flour, Le Puy.
CAMBRAI	Arras.
LYON	Langres, Dijon, Autun, Saint-Claude, Grenoble.
PARIS	Meaux, Versailles, Chartres, Orléans, Blois.
REIMS	Amiens, Beauvais, Soissons, Châlons-sur-Marne.
ROUEN	Évreux, Bayeux, Coutances, Séez.
SENS	Troyes, Nevers, Moulins.
TOULOUSE	Montauban, Carcassonne, Pamiers.
TOURS	Le Mans, Rennes, Saint-Brieuc, Quimper, Vannes, Nantes, Angers.

En général, chaque diocèse comprend le département dans lequel est situé le siége de l'archevêché ou de l'évêché; cependant les diocèses d'*Aix* et de *Marseille* sont contenus l'un et l'autre dans le département des Bouches-du-Rhône; le diocèse de *Châlons-sur-Marne* n'embrasse pas tout le département de la Marne, mais le diocèse de *Reims* y comprend l'arrondissement de Reims, et il s'étend, en outre, sur tout le département des Ardennes; enfin, les diocèses suivants contiennent, chacun, deux départements : *Besançon*, le Doubs et la Haute-Saône; — *Bourges*, l'Indre et le Cher; — *Limoges*, la Haute-Vienne et la Creuse; — *Lyon*, le Rhône et la Loire; — *Le Mans*, la Sarthe et la Mayenne; — *Poitiers*, la Vienne et les Deux-Sèvres; — *Strasbourg*, le Bas-Rhin et le Haut-Rhin.

A chaque diocèse est attaché un séminaire pour l'instruction du clergé. Chaque canton forme le ressort d'une cure, dans laquelle il est établi un certain nombre de succursales.

Les luthériens, assez nombreux, surtout à l'est, dans les départements formés de l'Alsace et de la Franche-Comté, ont un consistoire général à Strasbourg, une faculté de théologie dans la même ville, et six inspections d'églises consistoriales dans les départements du Bas-Rhin, du Haut-Rhin et du Doubs.

Les calvinistes sont principalement répandus dans le midi et dans quelques parties de l'ouest et de l'est : le Gard, l'Ardèche, la Drôme, la Lozère, Tarn-et-Garonne, les Deux-Sèvres, en renferment un assez grand nombre; ils ont, dans 60 départements, des églises consistoriales, et une faculté de théologie à Montauban.

Les israélites ont un consistoire central à Paris, et des synagogues consistoriales à Paris, Strasbourg, Colmar, Metz, Nancy, Bordeaux et Marseille.

L'instruction publique est réglée par le ministre de l'instruction publique et des cultes, et par un *conseil impérial;* il y a *seize académies*, à la tête de chacune desquelles est un recteur, qui a la surveillance des cours publics, des lycées, des colléges communaux, et la surveillance des établissements secondaires libres. Chaque département a un inspecteur d'académie ; chaque arrondissement a un inspecteur d'instruction primaire.

Le tableau suivant donne les circonscriptions académiques de l'Empire :

SIÉGES DES ACADÉMIES.	DÉPARTEMENTS COMPRIS DANS LES ACADÉMIES.
AIX............	Basses-Alpes, Bouches-du-Rhône, Corse, Var, Vaucluse.
BESANÇON........	Doubs, Jura, Haute-Saône.
BORDEAUX........	Dordogne, Gironde, Landes, Lot-et-Garonne, Basses-Pyrénées.
CAEN............	Calvados, Eure, Manche, Orne, Sarthe, Seine-Inférieure.
CLERMONT........	Allier, Cantal, Corrèze, Creuse, Haute-Loire, Puy-de-Dôme.
DIJON...........	Aube, Côte-d'Or, Haute-Marne, Nièvre, Yonne.
DOUAI...........	Aine, Ardennes, Nord, Pas-de-Calais, Somme.
GRENOBLE........	Hautes-Alpes, Ardèche, Drôme, Isère.
LYON............	Ain, Loire, Rhône, Saône-et-Loire.
MONTPELLIER.....	Aude, Gard, Hérault, Lozère, Pyrénées-Orientales.
NANCY...........	Meurthe, Meuse, Moselle, Vosges.
PARIS...........	Cher, Eure-et-Loir, Loir-et-Cher, Loiret, Marne, Oise, Seine, Seine-et-Marne, Seine-et-Oise.
POITIERS........	Charente, Charente-Inférieure, Indre, Indre-et-Loire, Deux-Sèvres, Vendée, Vienne, Haute-Vienne.
RENNES..........	Côtes-du-Nord, Finisterre, Ille-et-Vilaine, Loire-Inférieure, Maine-et-Loire, Mayenne, Morbihan.
STRASBOURG......	Bas-Rhin, Haut-Rhin.
TOULOUSE........	Ariége, Aveyron, Haute-Garonne, Gers, Lot, Hautes-Pyrénées, Tarn, Tarn-et-Garonne.

L'enseignement se divise en *supérieur*, *secondaire* et *primaire*.

L'enseignement supérieur se partage en cinq facultés : théologie, droit, médecine, sciences et lettres.

Il y a six facultés catholiques de théologie : à Paris, Aix, Bordeaux, Lyon, Rouen, Toulouse ; — neuf facultés de droit : à Paris, Aix, Caen, Dijon Grenoble, Poitiers, Rennes, Strasbourg, Toulouse ; — trois facultés de médecine : à Paris, Montpellier, Strasbourg, avec autant d'écoles de pharmacie; — des facultés des sciences et des lettres : à Paris, Besançon, Bordeaux, Caen, Clermont, Dijon, Grenoble, Lyon, Montpellier, Nancy, Rennes, Strasbourg, Toulouse; — des facultés des lettres, à Aix et à Douai; — des facultés des sciences, à Lille, Marseille, Poitiers.

L'enseignement secondaire est donné par les lycées, les colléges communaux, les grands et les petits séminaires ou établissements secondaires ecclésiastiques, et un grand nombre d'institutions particulières. Il y a soixante-neuf lycées (qui comptent environ 20 000 élèves), et 244 colléges communaux. Une École normale supérieure, établie à Paris, est destinée à former des professeurs dans les lettres et les sciences. Les établissements secondaires ecclésiastiques ont à leur tête une école normale connue sous le nom d'école des Carmes.

L'enseignement primaire compte une multitude d'écoles entretenues par les communes, et beaucoup d'écoles particulières : il comprend des écoles normales primaires, destinées à former des instituteurs; des écoles primaires supérieures, des écoles élémentaires et des salles d'asile. L'instruction primaire est sous la direction des préfets pour tout ce qui concerne le personnel et le matériel, mais le recteur a la haute surveillance de l'enseignement.

La France entretient à Athènes une école où l'archéologie et la littérature grecques sont brillamment cultivées.

En dehors de l'Université, mais toujours sous la direction du ministre de l'instruction publique, sont placés divers établissements très-importants d'enseignement supérieur : le Collége de France, le Muséum d'histoire naturelle de Paris, le Bureau des Longitudes, l'Observatoire de Paris, celui de Marseille et de quelques autres villes, le cours d'astronomie de l'Observatoire de Paris, l'École des chartes, divers cours à la Bibliothèque impériale.

A la tête des sociétés savantes chargées de maintenir la pureté de la langue, de recueillir les découvertes, de perfectionner les arts et les sciences, se trouve l'*Institut de France*, qui se divise en cinq *académies* l'Académie française, l'Académie des inscriptions et belles-lettres, l'Académie des sciences, l'Académie des beaux-arts et l'Académie des sciences morales et politiques.

L'Académie de médecine est instituée pour répondre aux demandes du gouvernement sur tout ce qui intéresse la santé publique.

L'enseignement des beaux-arts est placé sous la direction du ministre de l'intérieur ; ses principaux établissements sont l'École des beaux-arts, pour la peinture, la sculpture et l'architecture, et le Conservatoire de musique et de déclamation.

L'enseignement industriel, dépendant du même ministre, comprend le Conservatoire des arts et métiers, les écoles des arts et métiers de Châlons-sur-Marne, d'Angers et d'Aix.

Du ministère de la guerre dépendent l'École polytechnique, l'École militaire de Saint-Cyr et le Prytanée militaire de La Flèche ; — du ministère de la marine, l'École navale de Brest ; — du ministère des finances, l'École forestière de Nancy ; — du ministère des travaux publics, l'École des ponts-et-chaussées, l'École des mines et l'École des mineurs de Saint-Étienne.

Préfectures maritimes. — La France a cinq préfectures maritimes, qui ont pour chefs-lieux les cinq grands ports militaires de l'État : première préfecture, Cherbourg, comprenant la côte depuis Dunkerque jusqu'à Granville ; — deuxième, Brest, pour la côte entre Granville et Quimper ; — troisième, Lorient, pour la côte entre Quimper et la Loire ; — quatrième, Rochefort, pour la côte entre la Loire et la Bidassoa ; — cinquième, Toulon, pour toutes les côtes de la Méditerranée. Ces divisions sont administrées par des préfets maritimes.

Finances. — La cour des comptes vérifie et juge les comptes des services publics.

Parmi les administrations qui dépendent du ministère des finances, on remarque : celle de l'enregistrement et des domaines, qui est chargée d'établir et de percevoir les droits d'enregistrement sur les actes publics et sous seing privé, d'administrer les propriétés de l'État, etc. ; — l'administration des douanes ; — l'administration des contributions indirectes (droits sur les boissons, les cartes à jouer, le sucre indigène, etc.) ; — l'administration des postes ; — l'administration des forêts ; — l'administration des contributions directes (impôt foncier, personnel, etc.) ; — la commission des monnaies.

La Banque de France est un établissement très-important, fondé par actions, qui a le privilége d'émettre des billets à vue au porteur, et qui escompte des effets de commerce, fait des avances sur des effets publics français et sur des lingots d'or et d'argent, etc. Son siége est à Paris ; elle a des succursales dans les principales villes commerçantes des départements.

La caisse d'amortissement est destinée à racheter les rentes de la dette publique, au moyen de dotations annuelles et du revenu des rentes acquises par elle ; la caisse des dépôts et consignations, qui ne forme avec celle-là qu'une même administration, est destinée à recevoir les dépôts, soit obligatoires, soit volontaires, à faire le service des fonds de retraite des employés de l'État, etc.

Les caisses d'épargne offrent aux personnes laborieuses les moyens de se créer des économies par le versement de faibles sommes qui portent intérêt, et qui sont remboursables à volonté. Le nombre de ces caisses et de leurs succursales est d'environ 500. Il existe, depuis 1850, une caisse de retraites ou rentes viagères pour la vieillesse, dont le capital est formé par des versements volontaires effectués à la caisse des dépôts et consignations.

Revenus de l'État, dette publique. — Les revenus

[illegible] l'État s'élèvent à environ 1500 millions de francs ; les *dépenses* offrent à peu près le même chiffre. Mais les travaux extraordinaires et diverses autres causes font souvent dépasser aux dépenses totales la somme des recettes, et contribuent à former ce qu'on appelle le déficit, ou le découvert du budget. Ce découvert a obligé l'État à des emprunts, et ces emprunts ont augmenté peu à peu la *dette publique*, qui s'élève aujourd'hui à environ 4 milliards et demi de capital. Les dépenses pour le budget de [illegible] ont été évaluées à 1 516 820 459 fr. Les principales sommes de ce budget sont ainsi réparties par ministères :

Ministère d'État	**11 804 750 fr.**
De la justice	**26 640 780**
Des affaires étrangères	**9 230 600**
Des finances	**694 380 358**
De l'intérieur	**128 782 546**
De la guerre	**307 686 046**
De la marine	**118 881 001**
De l'instruction publique et des cultes	**65 629 138**
De l'agriculture, du commerce et des travaux publics	**156 785 242**

Agriculture, industrie et commerce. — L'AGRICULTURE est aussi florissante en France qu'en aucune autre contrée du monde ; mais ses progrès ne sont pas les mêmes dans tous les départements, et diffèrent d'ailleurs suivant les régions : le nord a une industrie agricole plus avancée que le midi, et il est plus particulièrement riche en céréales ; le sud l'est en vignobles et en fruits.

Le sol productif est de 19 315 000 hectares, dont 5 587 000 en froment (produisant, année moyenne, 70 000 000 d'hectolitres), 2 577 000 en seigle, 911 000 en méteil (mélange de froment et de seigle), 1 972 000 en vignes ; etc.

Quatre végétaux, la vigne, le maïs, l'olivier et l'oranger, dont les fruits cessent de mûrir au delà d'une latitude particulière, ont fait partager la France en cinq zones agricoles. La vigne, celle de ces quatre plantes qui s'avance le plus au nord, ne réussit pas cependant dans toute une longue zone baignée par la Manche, le Pas-de-Calais et la mer du Nord ; la ligne idéale qui limite au sud les pays privés de vin s'étend à peu près depuis l'endroit où la Meuse quitte la France jusqu'au golfe du Morbihan. — La seconde zone produit du vin, mais n'a pas encore de maïs cultivé en grand ; elle a pour limite méridionale une ligne tirée depuis le confluent de la Lauter et du Rhin jusqu'à l'embouchure de la Gironde. — La troisième zone, où le maïs croît en même temps que la vigne, mais où l'olivier ne se montre pas encore, est bornée au nord par une ligne qui va de l'Isère à l'Ariége. — La quatrième, propre à la fois à l'olivier, au maïs et à la vigne, mais où l'on ne trouve pas encore d'orangers, est limitée au sud par le golfe du Lion et par une ligne tirée des bouches du Rhône aux sources du Var. — La cinquième zone, enfin, voit mûrir tout ensemble le raisin, le maïs, les olives et les oranges ; elle comprend la région qui borde la Méditerranée, à l'est des bouches du Rhône. — Ces zones, comme on le voit, se dirigent du nord-est au sud-ouest, et montrent que, pour les quatre productions citées, l'est est plus favorisé que l'ouest ; mais il n'en résulte pas qu'il ait une température plus chaude ; cela prouve seulement que ces quatre végétaux préfèrent des positions plus élevées, moins humides, et des saisons plus tranchées.

Toutes les zones indiquées comme cultivant des vins n'en produisent pas d'également estimés. Les plus renommés sont, au nord-est, à l'est et au sud, ceux de la Champagne, de la Bourgogne, du Lyonnais, du Dauphiné, du Languedoc, du Bordelais. Les vins les plus propres à faire de l'eau-de-vie sont récoltés dans le bassin de la Charente, et vers le Gers et l'Hérault. L'étendue des vignobles est de près d'un trentième de la superficie du pays. Les terres arables en couvrent les deux cinquièmes : les vastes plaines de la Flandre, de l'Artois, de la Picardie, de la Brie, de la Beauce, de la Champagne, du Berri, de la Touraine, de la Limagne, dans le nord et dans le centre; celles de la Bresse, de l'Alsace, de la Lorraine, à l'est et au nord-est; celles du Languedoc, de la Guienne, de la Gascogne, au sud; enfin celles de la Charente, du Poitou, de la Haute-Bretagne, de l'Anjou, dans l'ouest, sont les plus riches en blé; le seigle est ensuite la céréale la plus cultivée; le maïs est le plus abondamment récolté dans la Gascogne et le Béarn; l'avoine, dans les départements du nord; le sarrasin, dans les terres maigres du centre et de la Bretagne. La pomme de terre est partout l'objet d'une culture active. La betterave à sucre est plus particulièrement cultivée dans le nord. Le lin l'est surtout dans la Flandre, l'Artois, la Normandie, la Bretagne, le Maine, l'Alsace; le chanvre est principalement répandu dans l'est et le midi. Le houblon ne se voit guère que dans le nord et dans l'Alsace. On trouve des truffes dans l'Alsace, le Dauphiné, la Dordogne et la Charente.

La culture du tabac n'est permise que dans les départements du Nord, du Pas-de-Calais, du Finisterre, d'Ille-et-Vilaine, du Bas-Rhin, du Haut-Rhin et de Lot-et-Garonne. Les plantes à teinture les plus intéressantes sont la garance, vers les bords du Rhin et de la Durance; le safran, dans le Gâtinais; le pastel, dans le haut Languedoc et la Provence; la gaude, dans la Normandie, etc.; le tournesol des teinturiers, dans le département du Gard. Outre l'olivier, dont le plus estimé est celui de la Provence, les plantes oléagineuses sont le colza, le pavot, la navette, communs surtout au nord.

Les châtaigniers croissent presque uniquement dans les montagnes du centre et du midi, particulièrement dans celles du Limousin, de l'Auvergne et des Cévennes. Les noyers sont répandus partout. Les pommiers et les poiriers abondent surtout dans la Normandie; les pruniers, dans la Touraine, la Provence et l'Agenais; les cerises et les pêches les plus renommées sont récoltées aux environs de Paris, les unes à Montmorency, les autres à Montreuil. Le mûrier pour le ver à soie est particulièrement élevé dans le bassin du Rhône.

Les forêts sont peuplées généralement de chênes, de hêtres, de charmes, de frênes, de bouleaux, d'ormes; les plus considérables sont, dans le nord, celles de Compiègne, de Villers-Cotterets, de Chantilly, de Fontainebleau, d'Orléans, des Ardennes. Les sapins sont nombreux et magnifiques sur le Jura et les Vosges. Les pins abondent dans les Pyrénées et les Landes; les mélèzes, dans les Alpes; le chêne-liége ne se trouve guère que dans le bassin de l'Adour. Les bois et les forêts occupent environ le huitième de la superficie de la France.

Les prairies et les pâturages les plus importants se rencontrent dans les Vosges, l'Auvergne, le Limousin, le Rouergue, la Normandie, le Charollais, la Gascogne, le delta du Rhône (la Camargue), etc. Les prairies artificielles, composées de luzerne, de sainfoin, de trèfle, ont pris un grand développement, et surpassent déjà en étendue les prairies naturelles, dont on évalue la superficie au douzième de celle de la France.

Les terres sans culture, qui sont surtout sur les escarpements des Alpes, du Jura, des Pyrénées et des montagnes du centre, dans les Landes, dans les bruyères de la Bretagne, forment, avec les routes, les canaux, les chemins de fer, les cours d'eau, les lacs et les étangs, environ le sixième de la superficie totale du pays.

Les meilleurs bœufs et les meilleurs chevaux sont élevés dans les pâturages de la Normandie, du Charollais, de la Bretagne, de l'Auvergne, du Limousin, du Jura, des Vosges, des Cévennes, de la Camargue et du bassin de la Garonne. Les plus beaux moutons sont ceux du Berri, de la Bourgogne, de la Champagne, de la Picardie, du Dauphiné, de la Touraine, du Languedoc, du Jura, des Pyrénées. On élève des mulets excellents dans l'Auvergne, l'Aveyron et les Deux-Sèvres. On engraisse les porcs les plus estimés dans la Lorraine, l'Alsace, le Béarn, le Lyonnais. La Bresse, le Maine, l'Angoumois fournissent des volailles renommées. Les abeilles des

Corbières, dans le département de l'Aude, donnent le meilleur miel.

L'industrie de la France est principalement agricole; cependant l'industrie manufacturière a fait aussi de grands progrès depuis un demi-siècle; dès le temps de Charlemagne, on en voit poindre les premières lueurs par les efforts que fit ce grand empereur pour attirer dans [illegible] Italiens habiles dans certains arts; l'époque des croisades fit connaître des machines et des procédés [illegible], et vit se former les manufactures de toiles de Laval, de Lille, de Cambrai, les fabriques de drap d'Amiens, de Reims, d'Arras; la France s'enrichit alors de la distillation des vins, de l'art de fabriquer les parfums; plus tard, Henri IV donna une grande impulsion aux fabriques d'étoffes de soie; Louis XIV et Colbert, enfin, élevèrent à un degré inconnu jusque-là les manufactures de toutes sortes, auxquelles la révocation de l'édit de Nantes vint porter toutefois un coup funeste pour longtemps. Napoléon donna un essor nouveau au génie industriel de la France, et une longue paix vint ensuite porter notre patrie au rang le plus glorieux dans les travaux des arts. L'industrie française n'a de rivale que l'industrie anglaise, si merveilleusement favorisée par le bas prix des matières premières; elle lui est même supérieure pour les produits où l'art et le goût ont la principale part. On peut mentionner, parmi les ouvrages où elle excelle, les soieries, surtout celles de Lyon; les cachemires; les draps de Sedan, de Louviers, d'Elbeuf; les basins, les batistes, les gazes de Saint-Quentin, etc.; les tulles, les dentelles, les blondes; les toiles diverses de lin, de chanvre et de coton; les toiles peintes de Mulhouse et autres villes; la typographie, la gravure, la lithographie, la photographie, le papier, l'horlogerie de précision, les produits chimiques, les teintures, la cristallerie, la porcelaine, l'orfévrerie et la bijouterie; l'ébénisterie de Paris; la mégisserie, les bronzes; les armes de Saint-Étienne et autres; les instruments de musique, les savons, les sucres raffinés, les liqueurs. Les fabriques d'acier, de coutellerie, de quincaillerie, d'ouvrages divers en fer, en cuivre et autres métaux ont acquis une grande amélioration. Une exposition des produits de l'industrie française a lieu tous les cinq ans à Paris.

L'industrie minérale extrait du sein de la terre, en France, un grand nombre de produits : entre autres pierres, on remarque le granit, dont les Alpes, le Cotentin et la Bretagne contiennent les plus belles espèces ; le porphyre, particulièrement dans les Vosges ; les marbres, dont les plus précieux sont ceux des Pyrénées et des Alpes ; les ardoises de l'Anjou et des Ardennes ; le kaolin ou terre à porcelaine, dans le Limousin ; le sel, qui abonde dans l'est, en Lorraine et en Franche-Comté, et qu'on exploite dans les marais salants de l'ouest, entre le Morbihan et la Gironde, et dans les salines du voisinage de l'étang de Thau.

L'or se rencontre dans plusieurs parties de la France ; mais on n'en exploite plus de mines aujourd'hui, quoiqu'on en connaisse deux gîtes, l'un dans le Bas-Rhin, l'autre dans l'Isère ; plusieurs des cours d'eau qui descendent des Pyrénées, des Alpes, des Cévennes, roulent des paillettes d'or : on en extrait surtout de la Garonne, de l'Ariége, du Salat, du Rhin, du Rhône et de ses affluents, le Gier, l'Ardèche, la Cèze et le Gardon. Le fer abonde sur un grand nombre de points, particulièrement dans le Cher, la Haute-Marne, la Haute-Saône, la Côte-d'Or, la Moselle, la Manche, les Ardennes, l'Ariége, l'Aveyron, la Dordogne, la Nièvre ; mais on en exploite encore dans 57 autres départements. On tire du plomb et de l'argent des mines du Finisterre, de l'Isère, du Puy-de-Dôme, de la Lozère et du Haut-Rhin. Le cuivre est peu commun, et ne s'exploite guère que dans le Haut-Rhin, le Rhône et les Basses-Pyrénées. Il y a une importante mine d'aimant dans la Loire-Inférieure ; une mine considérable de manganèse dans Saône-et-Loire ; de l'antimoine dans le Puy-de-Dôme, le Cantal, l'Ardèche, la Haute-Loire, la

Lozère ; du bismuth en Bretagne ; de l'arsenic dans le Haut-Rhin ; du chrôme dans le Var et l'Isère.

Le charbon de terre est exploité dans quarante-six bassins, qui se trouvent par grands bancs dans cinq régions : au nord, vers l'Escaut ; au centre, entre la Loire et la Saône, entre la Loire et le Rhône, et dans la vallée du Cher ; au sud, dans les vallées de l'Aveyron et du Gard. On tire de la tourbe des bassins de la Somme et de l'Escaut ; de l'asphalte, du département de l'Ain ; du pétrole, de celui de l'Hérault ; de l'anthracite, de l'Isère et des Hautes-Alpes.

Le COMMERCE de la France prend d'année en année un développement plus considérable. Sa valeur totale annuelle était, dans la période de 1825 à 1830, de 1 milliard 900 millions de francs ; aujourd'hui elle est de plus de 3 milliards, dont 1 milliard 800 millions pour l'exportation, et le reste pour l'importation. Sur ces valeurs, environ les deux cinquièmes seulement reviennent au transport par terre, et le reste au transport par mer.

Les principaux articles d'exportation sont les vins, l'eau-de-vie, l'huile, le vinaigre, les fruits, les œufs, le savon, le sel, les étoffes de soie et de laine, la bonneterie, la tapisserie, les toiles de lin, de chanvre et de coton, les dentelles, le papier, les caractères d'imprimerie, les livres, l'horlogerie, la bijouterie, l'ébénisterie, les objets de modes, etc. Les importations se composent principalement de métaux, de houille, de bois de construction et d'ébénisterie, de chevaux, de moutons, de gros bétail, d'huiles pour fabriques, d'indigo, de coton, de laines, de soies grèges, de peaux, de fourrures, de sucre, de café, etc. Les pays avec lesquels les relations commerciales de la France ont le plus d'activité, sont les États-Unis, l'Angleterre, la Belgique, la Suisse, les États Sardes, l'Espagne, l'Allemagne, l'Algérie, la Turquie, la Russie, les Pays-Bas, le Brésil.

La marine commerciale française emploie environ 15 000 navires, jaugeant 1 600 000 tonneaux ; la marine étrangère occupée à la navigation française, soit pour nos importations, soit pour nos exportations est, année commune, de 17 000 navires, jaugeant plus de 2 000 000 de tonneaux. Le nombre des bâtiments commerciaux à vapeur français s'élève à environ 300, ayant une force de 23 000 chevaux. Le cabotage, c'est-à-dire la navigation côtière (de cap en cap, en portugais *cabo*) emploie annuellement en moyenne 77 340 navires, jaugeant 2 485 000 tonneaux et montés par 310 300 marins.

La VIABILITÉ, qui exerce une si grande influence sur l'agriculture, l'industrie, le commerce, la défense générale du pays, présente, outre les chemins de fer, les rivières et les canaux, dont nous avons déjà parlé, un développement total de 1 371 000 kilomètres de routes et chemins, qui se subdivisent ainsi : 1° *routes impériales*, 34 734 kilomètres ; elles se partagent elles-mêmes en trois classes, selon leur largeur : la première classe a 13m,64 ; la seconde, 11m,69, et la troisième, un peu moins de 11 mètres de large ; — 2° *routes départementales*, 37 840 kilomètres ; — 3° *routes stratégiques*, 1467 kilomètres ; — 4° *chemins vicinaux*, 1 296 960 kilomètres.

Armée, marine. — L'armée de terre se forme par voie d'engagements volontaires et par voie de recrutement. Tous les Français qui ont atteint l'âge de vingt ans sont appelés au service militaire, mais le sort n'en désigne qu'un certain nombre pour composer le contingent fixé chaque année par une loi. Le contingent est réparti entre les armes de l'infanterie, de la cavalerie, de l'artillerie, du génie, les corps des équipages militaires et les ouvriers d'administration.

La gendarmerie se recrute dans l'infanterie, la cavalerie, l'artillerie et le génie.

La durée du service est de sept ans. Les sous-officiers et soldats qui ont accompli cette durée de service et qui désirent rester sous les drapeaux sont admis à s'engager de nouveau. Ils sont également admis à remplacer les jeunes soldats qui, appelés en exécution de la loi qui fixe le contingent, désirent rester dans leur famille.

L'effectif de l'armée active varie selon les éventualités de paix ou de guerre; il est fixé chaque année par le budget. Cet effectif était, pour une des dernières années de paix (1852), de 377 000 hommes et 84 900 chevaux, et se divisait comme il suit :

	hommes.	chevaux.
États-majors (maréchaux, généraux, corps d'état-major, intendance militaire, etc.).........	3 800	500
Gendarmerie.....................	22 000	13 900
Infanterie.......................	228 900	300
Cavalerie........................	58 800	49 300
Artillerie........................	30 200	12 900
Génie............................	8 700	700
Équipages militaires..............	5 700	4 100
Vétérans.........................	2 300	»
Services administratifs..........	4 900	200
Corps étrangers..................	11 700	3 000
TOTAUX....................	377 000	84 900

En 1854, année de guerre, l'effectif de l'armée doit s'élever au moins à 500 000 hommes.

Ces différentes armes concourent au service de l'intérieur et à celui de l'Algérie; la gendarmerie est spécialement chargée du maintien de l'ordre et de la police du pays.

La garde nationale, selon le décret du 11 janvier 1852, se compose de tous les Français de 25 à 50 ans. Elle obéit aux maires, aux sous-préfets, aux préfets et au ministre de l'intérieur.

Le nombre des bouches à feu que possède la France s'élève à environ 20 000.

L'armée navale compte, en temps de paix, 30 000 marins, qui se recrutent principalement parmi les marins de l'inscription maritime; tous les individus qui se livrent à la navigation sont tenus, à l'âge de dix-huit ans, de se faire inscrire au bureau de leur quartier maritime, et ils sont obligés de servir sur les bâtiments de l'État lorsqu'ils en sont requis, jusqu'à l'âge de cinquante ans; mais, tant qu'ils ne sont pas commandés pour le service, ils sont libres de s'embarquer sur des navires de commerce ou de pêche. L'effectif de l'inscription maritime s'élève, en 1854, à 160 000 hommes.

La marine de l'État compte (en 1852) 363 bâtiments, savoir : 201 *bâtiments à voiles à flot*, dont 25 vaisseaux, 38 frégates, 27 corvettes, 38 bricks, 43 bâtiments légers, 30 transports; — 104 *bâtiments à vapeur à flot*, dont 1 vaisseau, 20 frégates, 28 corvettes, 55 avisos; — 5 *bâtiments mixtes à flot ;* — 46 *bâtiments à voiles en construction*, dont 20 vaisseaux, 18 frégates, 4 corvettes, 4 bricks ; — 7 *bâtiments à vapeur en construction*, dont 3 corvettes et 4 avisos. On s'occupe de transformer plusieurs vaisseaux à voiles en vaisseaux à vapeur. On appelle bâtiments mixtes ceux qui vont à la fois à la voile et à la vapeur; ils n'ont pas de roues, mais une hélice, qui, placée au-dessous de la ligne de flottaison, est hors de l'atteinte des boulets.

CHAPITRE XII.

COLONIES.

Algérie. — Cette importante colonie, dont les Français ont commencé la conquête en 1830, en l'enlevant à un dey qui était nominativement soumis à la Porte ottomane, s'étend dans le nord de l'Afrique, sur la côte méridionale de la Méditerranée, en face de la France et de l'Espagne; elle s'allonge de l'ouest à l'est, depuis 4° 8′ de longitude ouest jusqu'à 6° 56′ de longitude est, entre l'empire de Maroc, à l'ouest, et la régence de Tunis, à l'est ; elle a au sud le Grand Désert ou Sahara proprement dit, vers lequel elle n'a pas de limites bien positives. Au nord, son point le plus avancé dans la Méditerranée est à 37° 5′ de latitude septentrionale. Sa longueur, de l'est à l'ouest, est d'environ 900 kilomètres, et sa plus grande largeur, du nord au sud, peut être évaluée à 600 kilomètres. Sa superficie est d'à peu près 391 000 kilomètres carrés.

La côte de l'Algérie, généralement escarpée et dépourvue de bons ports, est assez uniformément dirigée de l'est à l'ouest; cependant elle dessine quelques baies, quelques rades et quelques golfes peu profonds, de forme demi-circulaire, et dont les plus remarquables sont, en commençant à l'est, les golfes de *Bône*, de *Stora*, de *Bougie*, la rade d'*Alger*, les golfes d'*Arzeu* et d'*Oran*. On y distingue, en suivant la même direction, les caps de *Fer*, *Boujarone*, *Matifou*, *Caxines*, *Falcon*. On y trouve très-peu d'îles : la seule digne d'être citée est celle de *Rachgoun*, vers la limite occidentale.

La chaîne de l'*Atlas* parcourt l'Algérie de l'ouest à l'est, et s'y divise en plusieurs branches; on en remarque surtout deux principales, parallèles entre elles : la plus septentrionale est un bourrelet irrégulier qui longe la Méditerranée sur une largeur moyenne d'environ 100 kilomètres, et qui est coupé par de nombreuses rivières, tributaires de cette mer; on y remarque, entre autres monts, le *Jurjura* (2100 mètres d'altitude); le *Mouzaïa*, célèbre par ses mines de cuivre, et l'*Ouaransenis* ou *Ouanseris*. Quelques plaines l'interrompent çà et là, ou forment le prolongement de son versant septentrional vers la côte : une des plus vastes est la fertile plaine de la *Mitidja*, près d'Alger. On remarque aussi la plaine de *Bône* et la *Medjana*, à l'est, et la plaine d'*Oran*, à l'ouest.

La chaîne méridionale est généralement séparée de la première par une zone de grandes plaines ou plutôt de plateaux, dans lesquels les eaux, ne trouvant pas d'issue vers la Méditerranée, s'écoulent vers de grands lacs salés, appelés *Chott* ou *Sebkha*, dont le plus considérable est celui de *Saïda*. Les principaux massifs de cette chaîne sont le *Djebel-Amour* et le *Djebel-Aurès*. Au sud de cette grande chaîne, s'étend une seconde zone de plaines, généralement sablonneuses, qui se composent de bassins fermés, au fond desquels se trouvent de larges lacs salés, souvent à sec et n'offrant alors qu'une croûte de sel et de sable ; le plus grand est le *Melghigh* ou *Melrir*. Cette zone, qui forme le *Sahara algérien*, et qu'il ne faut pas confondre avec le Sahara proprement dit ou El Heurg, placé plus au sud, est caractérisée par l'abondance des eaux souterraines, qui se trouvent à peu de profondeur, et qui, jaillissant du sol par l'opération du forage, donnent naissance à de nombreuses et fertiles oasis.

En résumé, l'Algérie est divisée physiquement en trois parties : 1° la côte, qu'on appelle ordinairement le *Tell*, et qui est surtout fertile en céréales (froment, orge, maïs, riz); — 2° les *plateaux*, renfermés entre les deux massifs montagneux, et riches particulièrement en pâturages ; — 3° le *Sahara*, qui est une espèce de désert sablonneux, mais parsemé d'oasis abondantes en excellents fruits, tels que grenades, pêches, abricots, figues, amandes, olives, raisins, et surtout en dattes ; aussi donne-t-on à une grande partie de cette zone méridionale le nom de *Beled-el-Djéryd* (pays des dattes).

Il y a sur les montagnes beaucoup de lentisques, de cyprès, de chênes-lièges, de chênes au gland doux, etc. On y trouve des mines de fer, de plomb et de cuivre.

Parmi les cours d'eau qui, descendus de l'Atlas, se rendent dans la Méditerranée, les principaux sont, de l'est à l'ouest : la *Medjerda*, la *Seïbouse*, l'*Ouad-el-Kébir*, qui reçoit le *Rummel ;* l'*Adouse* ou *Ouad-bou-Messaoud*, l'*Isser*, l'*Harach*, le *Chélif*, l'*Ouad-Habra*, la *Tafna*, qui a pour tributaires la *Sikkah*, célèbre par une victoire des Français en 1836, et l'*Isly* ou *Mouïlah*, célèbre aussi par une bataille gagnée par le maréchal Bugeaud sur les Marocains, en 1844. Parmi ceux qui se perdent dans les lacs salés de la zone méridionale, ou dans les sables du désert, on remarque l'*Ouad-el-Djeddi*, tributaire du lac Melghigh.

La population de l'Algérie est évaluée à 3 millions d'hatants, qui appartiennent à trois souches principales : les *Maures*, les *Arabes*, et les *Berbères* ou *Kabyles*. Les Maures, qui paraissent provenir d'un mélange d'anciens Mauritaniens et d'anciens Numides avec les Phéniciens, les Romains et les Arabes, et qui descendent également d'un grand nombre d'aventuriers venus de la côte européenne, habitent les villes et les plaines cultivées.

Les Arabes, sortis de l'Asie depuis l'établissement du mahométisme, sont ou Bédouins (nomades) ou cultivateurs des arbres fruitiers des oasis.

Les Berbères sont les descendants les plus purs des aborigènes de la contrée (les Numides, les Mauritaniens, les Libyens, les Gétules); ils sont divisés en tribus nomades, ou livrés à la culture des céréales, ou quelquefois habiles ouvriers dans les travaux manuels.

Il y a, en outre, des *Juifs*, occupés de commerce et de diverses industries; — des *Turcs*, qui, au XVIe siècle, s'étaient établis les dominateurs du pays; — des *Koulouglis*, nés du mélange des populations turque et maure; — des *nègres*, venus du centre de l'Afrique comme esclaves, mais aujourd'hui libres partout où s'étend l'influence française; — enfin, beaucoup d'*Européens* sont établis dans l'Algérie : le nombre (au 1er janvier 1854 et sans l'armée) était de 133 192, ainsi répartis : 62 440 dans la province d'Alger; 41 464 dans la province d'Oran, et 29 288 dans celle de Constantine : les plus nombreux sont les Français (74 558), ensuite les Espagnols (36 615), les Italiens (7373), les Anglo-Maltais (5966), les Allemands (4663). Il faut ajouter à ce nombre la portion de la population civile que comprennent les lycées, colléges, séminaires et pensionnats; les orphelinats, qui ne reçoivent pas moins de 1367 enfants; les hôpitaux, prisons et maisons de refuge, etc.; le chiffre total que présentent ces établissements est de 3186 : d'où il suit qu'au 1er janvier 1854 l'effectif total de la population civile s'élevait à 136 378 individus.

L'Algérie est placée sous la dépendance immédiate du ministère de la guerre, et politiquement divisée en trois provinces, dont chacune porte le nom de son chef-lieu; ce sont celles d'*Oran* (comprenant 102 000 kilom. carrés), à l'ouest; de *Constantine* (175 900 kilom. carrés), à l'est, et d'*Alger* (113 000 kilom. carrés), au milieu. Chaque province, considérée comme territoire civil, forme un *département*; considérée comme territoire militaire, elle constitue une *division*.

Comme l'ensemble de l'Algérie, chaque province comprend à la fois deux massifs montagneux, une zone de plateaux, une portion du Tell et une portion du Sahara. Cette division politique a été établie d'après l'état moral de la population indigène. Dans la province d'Oran, l'autorité est surtout théocratique : l'influence et le pouvoir dans les tribus appartiennent héréditairement à des familles religieuses ; — dans celle de Constantine, elle est surtout aristocratique : le pouvoir et l'influence appartiennent à des familles laïques. — Placée entre les deux, la province d'Alger participe à la fois de l'une et de l'autre nature de gouvernement. On y trouve aussi en quelques points, surtout dans cette partie montagneuse du nord qu'on appelle *Kabylie*, le principe démocratique : les chefs sont créés par élection. — Du reste, le gouvernement particulier des tribus présente un caractère tantôt fédératif, tantôt simplement administratif, c'est-à-dire, dans ce dernier cas, qu'elles dépendent directement de l'autorité politique supérieure, celle de la France.

Les tribus algériennes sont, les unes sédentaires, les autres nomades, quelques-unes mixtes.

Des tribus sédentaires, les unes habitent des villes et des villages, et cultivent en général des fruits, ou se livrent aux professions industrielles; les autres habitent sous la tente, et produisent plus spécialement des céréales.

Les tribus nomades obéissent, même dans leurs migrations, à certaines lois climatologiques qui limitent d'une manière presque invariable l'étendue de l'habitation, de la culture et du parcours.

Pendant six mois que dure la saison de la verdure, les

tribus des oasis se répandent dans les landes limitrophes, et les tribus des massifs se répandent dans les plateaux intérieurs ; pendant les six mois de sécheresse, les tribus des massifs regagnent leurs montagnes, et les tribus des oasis vont chercher dans le Tell de l'eau, des blés et des pâturages.

Les tribus mixtes sont celles pour qui les terres de culture et les terres de parcours sont également voisines ; elles habitent dans l'intérieur.

Les tribus nomades sont généralement de race arabe ; elles occupent plus particulièrement les plaines ; le plus grand nombre des tribus sédentaires sont d'origine berbère ; les tribus mixtes appartiennent aux deux races. En dehors de cette division territoriale entre les tribus, existent de nombreux domaines appartenant immédiatement à l'État : on en a formé en grande partie les *territoires de colonisation*.

La division militaire d'Alger comprend six subdivisions : *Alger*, *Blidah*, *Médéah*, *Aumale*, *Milianah* et *Orléansville*. — Celle d'Oran a cinq subdivisions : *Oran*, *Mascara*, *Mostaganem*, *Sidi-bel-Abès* et *Tlemcen*. — La division de Constantine ne contient que quatre subdivisions : *Constantine*, *Bône*, *Sétif* et *Bathna*. — Chaque subdivision comprend un ou plusieurs cercles, commandés par un officier supérieur. Il y a un *bureau arabe* auprès de chaque commandant militaire chargé du gouvernement des indigènes. Chez ces derniers, la base de la constitution sociale est le *douar*, réunion de tentes ; un certain nombre de douars réunis forment une *ferka* (fraction), obéissant à un cheykh ; l'assemblage de plusieurs ferkas compose une *tribu*, qui est commandée par un *kaïd*. Plusieurs tribus groupées constituent soit un *grand-kaïdat*, soit un *aghalik*, sous les ordres d'un *agha* ou d'un *kaïd-el-kaïd*. Des aghaliks peuvent former une circonscription relevant d'un *bach-agha* ou d'un *khalifa*. Les bureaux arabes ont pour mission de diriger et de surveiller les chefs indigènes, sous la direction immédiate de l'autorité militaire française.

Dans chaque tribu, à côté du kaïd chargé des fonctions administratives, il y a un kadi, qui rend la justice d'après la jurisprudence civile et religieuse.

Les redevances demandées aux tribus sont de deux natures : 1° l'*achour* (le dixième), ou impôt sur les récoltes de céréales; 2° le *zekket* (taxe d'origine religieuse), ou impôt sur les troupeaux; cette dernière redevance n'existe pas dans la province de Constantine, où elle est remplacée par le *hokor* (représentation du loyer de la terre), et elle prend, pour les tribus sahariennes, où elle est assise sur des bases moins régulières, le nom de *lezma*. Indépendamment de l'acquittement d'un impôt, les tribus doivent supporter certaines charges pour le service militaire, soit en fournissant des contingents armés qui prennent part à nos expéditions, soit en répondant aux réquisitions pour les transports.

Les tribus indigènes sont au nombre de 1145; un grand nombre sont administrées directement sous l'action des autorités françaises; d'autres reconnaissent notre suzeraineté; enfin plusieurs sont encore insoumises : ce sont particulièrement quelques tribus de la Kabylie, dans une partie montagneuse du nord des provinces d'Alger et de Constantine, et quelques autres dans le Sahara.

Les principales tribus indigènes du Tell sont les *Medjehers*, les *Hachem*, les *Smélas*, les *Douaires*, les *Beni-Amer*, les *Djafra*, les *Flitas*, dans la province d'Oran; — les *Haractas*, les *Hanênchas*, les *Némênchas*, dans la province de Constantine; — parmi celles des plateaux et du Sahara, on distingue les *Oulad-Naïl*, les *Beni-Mzab*, dans la province d'Alger, et les *Oulad-Sidi-Cheykh*, dans la province d'Oran.

Les principales villes sont :

1° Dans la PROVINCE D'ALGER : *Alger*, capitale de la colonie; bâtie en amphithéâtre sur la côte occidentale de la rade du même nom, avec environ 62 000 habitants. Elle est bien défendue du côté de la mer; le port était petit, et propre seulement aux navires marchands; mais on travaille à y faire un port militaire, qui sera l'un des plus considérables et des mieux fortifiés de la Méditerranée. — *Boufarik*, dans la Mitidja. — *Blidah*, dans une position délicieuse, au pied des montagnes. — *Koléah*. — *Douéra*. — *Médéah*, point stratégique important, vers un célèbre défilé, sur un territoire propice à la culture de la vigne. — *Milianah*, *Orléansville* dans la vallée du Chélif. — *Dellys*, *Ténez* (anc. *Cartena Colonia*), *Cherchell* (anciennement *Julia Cæsarea*), villes maritimes. — *Sidi-Ferruch* (ou mieux *Sidi-Feredj*), point de débarquement des Français en 1830. — *Aumale*, établie en 1846 près des ruines de l'ancienne *Auzia*. — *Taguin*, célèbre par la brillante victoire des Français sur Abd-el-Kader, en 1843. — *Ghardeïa*, dans l'oasis des Beni-Mzab. — *El Aghouat* ou *Laghouat*, dans l'oasis des Ksour; reprise brillamment par les Français en 1852, après une insurrection des indigènes. — *Aïn-Madhy*, dans la même oasis.

3° Dans la PROVINCE D'ORAN : *Oran*, importante place forte et maritime, avec 32 000 habitants. — *Mers-el-Kébir*, ville forte et très-importante position militaire, avec une rade vaste et sûre, la meilleure de la côte africaine de la Méditerranée, et servant de port à Oran. — *Arzeu*, avec un bon port. — *Mazagran*, illustrée par une belle défense des Français, en 1840. — *Mostaganem*, port de mer, de 6500 habitants. — *Mascara*, qui a été la capitale d'Abd-el-Kader. — *Tlemcen*, ancienne et brillante capitale d'un royaume du même nom; avec 12 000 habitants. — *Saïda*, vers la limite méridionale du Tell. — *Tiaret*, importante place d'échange entre le Sahara et le Tell. — *Lella-Marnia*, où fut conclu, en 1845, un traité entre la France et le Maroc. — *Djema-Ghazaouat*, sur la mer, près de *Sidi-Brahim*, où les Français éprouvèrent un cruel désastre en 1845, et où Abd-el-Kader s'est rendu à eux en 1847. — *Sidi-bel-Abbès*, jolie petite ville nouvelle, entre Oran et Tlemcen. — *El-Abied-Sidi-Cheykh*, dans l'oasis de la grande tribu des *Oulad-Sidi-Cheykh*.

3° Dans la PROVINCE DE CONSTANTINE : *Constantine* (ancienne *Cirta*), sur le Rummel, dans une position très-forte; prise par les Français en 1837 et peuplée de 23 000 habitants. — *Bougie* (anc. *Saldæ*), port de mer et place forte, vers l'embouchure de l'Adouse dans le golfe de Bougie; elle a donné son nom aux chandelles de cire. — *Djidjelli* (anc. *Igilgilis*), petite ville maritime. — *Stora* et *Philippeville*, sur le golfe de ce nom; cette dernière ville, toute moderne, est un port très-fréquenté, et sa population s'élève déjà à 9000 habitants. — *Bône* (anciennement *Hippone-Royal*), avec un beau port, sur le golfe du même nom, au pied du mont Édoug, à l'embouchure de la Seïbouse (10 000 habitants). — *La Calle*, connue par la pêche du corail et où la France avait un établissement depuis le XVIe siècle. — *Sétif* (anc. *Sitifis*), dans la grande plaine de la Medjana. — *Guelma* (anciennement *Suthul*, puis *Calama*). — *Bathna*. — *El-Harrouch*. — *Biskara*, dans l'oasis des Ziban. — *Zaatcha*, située un peu au sud de Biskara, et devenue, en 1849, le centre d'une grave insurrection, qui fut sévèrement réprimée. — *Lambessa* (l'anc. *Lambæsa*), lieu de déportation pour les condamnés de juin. — *Bou-Sada*, dans une position centrale et d'une grande importance commerciale. — *Tuggurt*, dans l'oasis d'*Ouad-Rir*. — *El-Guécer*, dans l'oasis de *Temacin*. — *Ouaregla*, dans une oasis du même nom.

La religion généralement professée par les habitants de l'Algérie est le mahométisme; cependant le catholicisme y compte pour adhérents presque tous les Européens, et il y a un évêque à Alger.

Le commerce algérien prend tous les jours plus d'accroissement. Les principales exportations provenant du sol ou de l'industrie du pays, consistent en bestiaux, peaux, laines et autres produits d'animaux, sangsues, plumes de parure, soie écrue ou en cocons, cire, corail, fruits (oranges, jujubes, dattes, etc.); blé, tabac, garance, cochenille, sandaraque, huile d'olive, racines médicinales, liége brut, écorces à tan, fourrages. On commence à y cultiver le coton avec beaucoup de succès. On exploite d'importantes mines de cuivre et de zinc.

Les tribus nomades sont les intermédiaires du commerce entre le Tell, où elles viennent acheter des grains, des armes, etc., et le Sahara, d'où elles apportent des tissus, des laines et des dattes.

Autres colonies africaines. — La France possède dans la Sénégambie une colonie qui a son siége principal sur le Sénégal, et qui porte le nom de GOUVERNEMENT DU SÉNÉGAL. Cette colonie se compose : 1° des établissements des bords ou du voisinage du Sénégal, comprenant l'île *Saint-Louis* ou *Andar*, dans ce fleuve, près de son embouchure, *Guet-N'dar*, *Dialmath*, place très-forte, prise récemment aux indigènes, et les postes militaires de *Lampsar*, de *Mérighanen*, de *Richard-Tol*, de *Dagana*, de *Bakel* et de *Podor*; — 2° *Portendik*, petit port, vers la limite du Sahara; — 3° l'île de *Gorée* ou *Bir*, située près et au sud du cap Vert, et qui n'est qu'un rocher volcanique, mais qui offre un port avantageux et une bonne position maritime et militaire; — 4° le comptoir d'*Albréda*, sur la rive droite de la Gambie; — 5° le comptoir de *Sedhiou*, sur la Casamance, dans la partie méridionale de la Sénégambie.

Le royaume de *Oualo*, sur la rive méridionale du cours inférieur du Sénégal, reconnaît la souveraineté de la France.

Le chef-lieu du gouvernement du Sénégal est *Saint-Louis*, ville fortifiée et assez commerçante, sur la petite île du même nom, avec 12 000 habitants. Le port est bon ; mais l'embouchure du fleuve est obstruée par des bancs de sable dangereux, et le climat est malsain.

La population de toute la colonie est d'environ 20 000 âmes. On ne s'occupe presque pas de culture aux établissements français du Sénégal : ce sont plutôt des espèces de comptoirs ou d'entrepôts, appelés ordinairement *escales*, pour l'exploitation surtout du commerce de la gomme avec les indigènes du nord de la Sénégambie et du Sahara méridional.

Dans la Guinée supérieure, la France possède, à la côte des Dents, les établissements de *Grand-Bassam* et d'*Assinie*, et, à la côte de Gabon, celui de la *Rivière de Gabon* : on fait dans ces établissements un assez grand commerce d'huile de palme, d'arachides et d'ivoire.

L'île de la Réunion ou l'île Bourbon, la plus occidentale des trois îles Mascareignes, placées dans l'océan Indien, est à l'est de Madagascar, par 21° de latitude sud et 53° de longitude est. Elle a 220 kilomètres de circuit, et renferme environ 100 000 habitants, dont 19 000 blancs. Elle offre deux masses volcaniques : le *Gros-Morne*, au nord, éteint depuis longtemps ; et le *Piton de Fournaise*, au sud, encore en activité. Le *Piton de Neige*, haut de 3500 mètres, est la cime la plus élevée de l'île. Le climat est agréable et sain ; mais les ouragans causent souvent de grands ravages. Le sol est excellent sur les côtes, et produit surtout de l'indigo, du coton, du café, des épices, toutes les plantes potagères de l'Europe, tous les bons fruits de l'Inde, de l'Afrique et de l'Amérique (ananas, dattes, mangues, grenades, oranges, limons, etc.).

Saint-Denis, chef-lieu de l'île, est sur la côte nord ; c'est une assez jolie ville, de 20 000 habitants ; mais elle manque de port.

L'île de Sainte-Marie ou Nossi-Ibrahim, près et à l'est de Madagascar, a un sol presque inculte et un climat très-malsain ; elle compte 6000 habitants ; son chef-lieu est *Port-Louis*, petit port fortifié.

Les Français ont encore Mayotte, une des îles Comores, dans le nord du canal de Mozambique, au nord-ouest de Madagascar ; il s'y trouve un bon port, qu'on a récemment fortifié.

Enfin les petites îles Nossi-Bé, Nossi-Komba, Nossi-Falli, Nossi-Mitsiou, sur la côte nord-ouest de Mada-

Mayotte, dépendant aussi de la France. Elles sont comprises, ainsi que Sainte-Marie, dans les *dépendances de Bourbon*(1) et renferment, avec ces deux îles, une population de 23 000 habitants.

La France a eu autrefois des établissements sur l'île même de Madagascar, principalement vers l'extrémité méridionale, où s'élevait le fort Dauphin, aujourd'hui ruiné, et sur la côte orientale, où des factoreries françaises assez importantes s'étaient formées à *Teintingue*, à *Tamatave* et à *Foulpointe*; mais les Hovas, aujourd'hui dominateurs de l'île, ont obligé les colons et les négociants français à quitter cette contrée.

Les îles inhabitées de *Saint-Paul* et d'*Amsterdam*, dans la partie méridionale de l'océan Indien, très-loin et au sud-est de l'Afrique, sont considérées encore comme des dépendances de la France.

Établissements asiatiques. — La France possède dans l'Hindoustan : 1° *Pondichéry*, capitale des établissements français asiatiques, sur la côte de Coromandel, dans le Karnatic; elle est divisée en deux parties : à l'est, la ville blanche, qui n'a que 700 habitants, et, à l'ouest, la ville noire, ou plutôt hindoue, qui en compte 50 000; il n'y a pas de port proprement dit, mais une rade ouverte, où le débarquement est difficile; on y fabrique une grande quantité de toiles de coton bleues, dites guinées.

2° *Karikal*, au sud de Pondichéry, sur la même côte.

3° *Mahé*, sur la côte de Malabar : on y fait un grand commerce de poivre et de cannelle.

4° *Chandernagor*, dans le Bengale, sur l'Hougly, au nord de Calcutta, avec 30 000 habitants.

5° *Yanaon*, dans les Serkars, au sud des bouches du Mahanady.

Ces villes sont généralement environnées de quelques villages ou *aldées*, qui dépendent aussi de la France. La population totale des possessions françaises dans l'Inde est de 180 000 habitants.

Colonies américaines. — La France a plusieurs des Petites Antilles : les deux plus importantes sont la *Guadeloupe* et la *Martinique*; les autres sont *Marie-Galante*, la *Désirade*, les *Saintes*, et *Saint-Martin*, qui est partagée avec les Hollandais.

La Guadeloupe fut découverte par Colomb en 1493, et fut ainsi nommée par ce grand navigateur en mémoire du couvent de *Santa-Maria de Guadalupe*, dans l'Estrémadure. Elle offre une étendue à peu près double de celle du département de la Seine, et se compose de deux parties séparées l'une de l'autre par un bras de mer nommée *Rivière-Salée*. La partie orientale s'appelle *Grande-Terre*, et présente un territoire plat, sans bois, presque sans eau, exposé à de grandes chaleurs, mais fertile, et le mieux cultivé et le plus peuplé de la colonie. La partie occidentale, qu'on nomme *Basse-Terre*, est hérissée de hautes montagnes, dont la principale est le volcan très-actif de la *Soufrière*; les nombreuses rivières qui l'arrosent font mouvoir beaucoup de moulins à sucre. Les principaux objets de culture à la Guadeloupe sont le sucre, le café, le cacao, le tabac, les épices. Il y a dans les forêts du gaïac, du sandal, du bois de Campêche, de l'acajou, etc. Les ouragans et les tremblements de terre ravagent trop souvent cette précieuse colonie. Le chef-lieu est la *Basse-Terre*, jolie petite ville, agréablement située sur la côte occidentale de la partie à laquelle elle donne son nom; mais elle est privée de port. C'est en même temps le chef-lieu de tout le *gouvernement de la Guadeloupe*, qui, outre la Guadeloupe, comprend Marie-Galante, la Désirade, les Saintes et Saint-Martin.

La *Pointe-à-Pître*, chef-lieu de la Grande-Terre, sur la côte sud-ouest de laquelle elle est placée, à l'entrée méridionale de la Rivière-Salée, est la ville la plus importante de la colonie; elle a 12 000 habitants, un port spacieux, des constructions élégantes, mais elle manque d'eau douce, et les marais qui l'entourent rendent l'air insalubre; un affreux tremblement de terre l'a ravagée en 1843.

L'île de *Marie-Galante*, située au sud de la Grande-

... de la Guadeloupe, porte le nom d'un des vaisseaux de Colomb. Les côtes en sont escarpées et peu abordables. L'eau y est rare; cependant le sol est fertile en sucre et en café. Le bois de Campêche y abonde.

La *Désirade*, au nord-est de la Guadeloupe, offre un sol volcanique et aride, qui ne produit que du coton.

Le petit groupe des *Saintes*, ou plutôt des *Saints* (en espagnol *Santos*), au sud de la Guadeloupe, a été ainsi nommé par Colomb parce qu'il le découvrit le jour de la Toussaint. Ces îles sont sèches, arides et couvertes de rochers; mais elles offrent une rade excellente, et produisent du coton et du café.

Les Français possèdent la partie septentrionale de *Saint-Martin*, dont le sud est aux Hollandais. Elle est montagneuse, et produit surtout du sucre et du tabac.

La population totale du gouvernement de la Guadeloupe est de 130 000 habitants.

La MARTINIQUE fut découverte en 1493, et reçut ce nom en l'honneur de saint Martin. Elle s'étend du nord-ouest au sud-est, assez loin au sud de la Guadeloupe. L'intérieur est couronné de montagnes volcaniques, hérissées de rochers et couvertes de forêts que les lianes rendent presque impénétrables. L'hivernage, ou la saison des pluies, qui tombent abondamment du 15 juillet à la fin de septembre, est accompagné d'une assez grande insalubrité. Le sol est couvert de riches plantations dans les régions basses voisines des côtes; on y cultive la canne à sucre, le meilleur café des Antilles, le cacao, le tabac, les bananes, les patates, le manioc. Les champs de canne à sucre sont exposés aux ravages des fourmis et des rats. La population de l'île est d'environ 120 000 habitants.

Fort-Royal ou *Fort-de-France*, sur une grande baie de la côte occidentale, est le chef-lieu de la Martinique; il y a un port excellent et très-fréquenté, surtout pendant l'hivernage. On y compte 10 000 habitants. — *Saint-Pierre*, autre port, au nord-ouest de Fort-Royal, sur la même côte, est le centre du commerce de l'île, et a 20 000 habitants.

La Guyane française est située dans le nord-est de l'Amérique méridionale, entre 2° et 6° de latitude nord ; elle est baignée par l'océan Atlantique, au nord et à l'est ; elle est séparée, à l'ouest, de la Guyane hollandaise, par le *Maroni*, et elle touche, au sud et au sud-est, à la Guyane brésilienne, vers laquelle ses limites ne sont pas bien déterminées : la France prétend à la possession de toute la côte jusqu'à l'*Araouary*, qui se jette dans l'Amazone, très-près de l'embouchure de ce fleuve ; les Brésiliens revendiquent la côte jusqu'à l'*Oyapok*, situé beaucoup plus au nord. On remarque dans le territoire contesté le lac *Mapa*, l'île *Maraca* et la rivière *Vincent-Pinçon*, qui porte le nom de l'un des premiers explorateurs de l'Amérique. Avec ce territoire, la Guyane française contient environ 320 000 kilomètres carrés. La population (sans les indigènes) est de 25 000 habitants, dont la plupart sont des personnes de couleur. Les côtes sont plates, offrent généralement un bon mouillage, et sont bordées de forêts de mangliers ; les forêts de grands arbres ne commencent qu'à 80 kilomètres de la côte et sont riches en bois de construction, d'ébénisterie et de teinture, en gomme, en résine, etc. Le climat n'est pas malsain, si ce n'est de novembre à juin, dans la saison des pluies, comme dans toutes les régions tropicales. On y cultive la canne à sucre, le coton, le cacao, la cannelle, le poivre, le girofle, le manioc, l'igname, le maïs, les bananes. Mais il y a encore peu de terroirs cultivés, et cette colonie est loin d'avoir pris tout le développement dont elle est susceptible.

Le chef-lieu est *Cayenne*, petite ville et port de mer, sur l'île du même nom, à l'embouchure d'une rivière appelée aussi *Cayenne*, qui sépare en partie l'île du continent. Près de là sont les îles du *Salut*, lieu de déportation.

A 80 kilomètres nord-ouest de Cayenne, à l'embouchure de la rivière *Sinnamary*, est le bourg de *Sinnamary*, devenu célèbre par l'exil des proscrits du 18 fructidor.

Dans l'Amérique septentrionale la France ne possède

[illegible] que les trois petites îles de Saint-Pierre et Miquelon, près de la côte méridionale de Terre-Neuve. La pêche est la principale industrie de ces îles, qui forment un gouvernement colonial séparé, peuplé de 2000 habitants, dont le chef-lieu est *Saint-Pierre*. Il y a deux îles Miquelon : l'une est *Miquelon proprement dite;* l'autre, la *Petite Miquelon;* elles sont au nord-ouest de l'île Saint-Pierre.

[illegible]. — Les îles Marquises ou Mendoça, situées au milieu du Grand océan, dans la Polynésie, entre 7° 50′ et 10° 30′ de latitude sud, et entre [illegible] et 142° 11′ de longitude ouest. Elles se divisent en deux groupes : les îles *Marquises proprement dites*, au sud-est, et les îles *Washington*, au nord-ouest. Dans les premières, on remarque : *Fatouiva* (appelée *Magdalena* par Mendaña, lorsqu'il la découvrit en 1595); *Motane* (*San-Pedro*); *Hiva* (*Santa-Dominica*), la plus grande de l'archipel, *Tahouata* (*Santa-Cristina*), et *Fétougou*. Dans les autres, la principale est *Noukahiva*; on y distingue aussi *Ouapoa* et *Ouahouga*. Les Marquises sont hautes, boisées et d'origine volcanique; elles jouissent d'un climat salubre et sec, et offrent de beaux aspects, mais le sol y est peu profond. Les principales productions sont le goyavier, l'ananas, le citronnier, l'oranger, le ricin, l'igname, l'ama (espèce de noyer), la patate douce, l'arrow-root, le cocotier, l'arbre à pain, le bananier, le laurier blanc, le pandanus. Les habitants, au nombre de [illegible] environ, sont remarquables par leurs belles formes, la régularité de leurs traits et la blancheur presque complète de leur teint; leurs tatouages divers, dessinés avec art, leur donnent un aspect curieux et étrange; ils sont braves, mais enclins à la rapine, et se livrent à l'anthropophagie. — Le groupe sud-est des Marquises fut découvert par Mendaña, qui lui donna le nom d'îles du *Marquis de Mendoze*, et ce nom s'est réduit ensuite à celui d'îles du *Marquis* ou îles *Marquises*. Le groupe du nord-ouest ne fut découvert qu'en 1791, par l'Américain

Ingraham; Marchand, navigateur français, le visita la même année, et l'appela *îles de la Révolution*. Les Français en prirent possession en 1842, sous le commandement de l'amiral Dupetit-Thouars. Ils ont des établissements à Noukahiva et à Tahouata; la vallée de *Vaïtahou*, dans cette dernière, est un lieu de déportation pour les condamnés politiques.

La Nouvelle-Calédonie, découverte par Cook en 1774, est une nouvelle et intéressante possession française, qui se compose principalement d'une longue terre située à l'E. de l'Australie, entre 20° 10′ et 22° 30′ de lat. S., et entre 161° 30′ et 165° de long. E. Cette terre, qui s'allonge du N. O. au S. E. l'espace d'environ 300 kilomètres, est nommée *Balade* par les indigènes; les côtes en sont entourées d'une immense chaîne de récifs madréporiques, interrompues cependant çà et là par des ouvertures qui peuvent donner passage aux navires. Une chaîne de hautes montagnes la parcourt.—L'île des *Pinsou Kounié* se trouve au S. E. de la grande terre.

La Nouvelle-Calédonie produit en quantité le bananier, l'arbre à pain, le sandal, le cocotier, le figuier, l'oranger, le gingembre, la canne à sucre, le chou palmiste, le taro (sorte de fruit violet qui ressemble assez, pour la grosseur et pour la forme, à la pomme de terre). Parmi les animaux, on remarque la grande araignée *nouki*, qui sert à la nourriture des indigènes. Ceux-ci, au nombre d'environ 50 000, sont très-laids et très-misérables : leur teint est d'un noir chocolat, et leur corps maigre et mal proportionné. Ils sont anthropophages, très-enclins au pillage et cependant hospitaliers. L'île des Pins a une population supérieure, pour les mœurs et la conformation, aux habitants de la grande île; des missionnaires français y avaient déjà formé un intéressant établissement, lorsque l'amiral Febvrier-Despointes en prit possession, ainsi que de l'île de Balade, en septembre 1853.

La France exerce un protectorat sur l'île Taïti ou

O-Taïti, la principale des îles de la Société, qu'on appelle aussi les îles Taïti, et qui ont reçu le premier de ces noms en l'honneur de la Société royale de Londres. L'île Taïti, située dans la partie moyenne de la Polynésie, par 17° de latitude sud et 152° de longitude ouest, se compose de deux presqu'îles, dont la plus grande, située au nord-ouest, se nomme *Taïti-Noui*, et l'autre *Taïrabou*. Cette île est montagneuse, pittoresque, favorisée d'un climat agréable, et revêtue d'une belle végétation, dont les principaux arbres sont des bambous superbes, des cocotiers, des mûriers à papier, servant à faire des étoffes fines et moelleuses. *Papéiti* est la capitale de cette île et la résidence d'une reine qui reconnaît la protection de la France. Les indigènes, au nombre d'environ 10 000, ont le teint olivâtre, la figure ovale, le front découvert et arrondi, les yeux très-beaux, la bouche un peu grande, mais bien dessinée, les cheveux très-noirs. Ils sont graves, courageux, ont des mœurs hospitalières, mais quelquefois dépravées; ils ont été convertis au christianisme par des missionnaires anglais, savent presque tous lire et écrire, et ont adopté beaucoup des habitudes européennes; leur langue est douce et sonore. Lorsque les Français leur eurent imposé leur protectorat, en 1842, ils résistèrent quelque temps; aujourd'hui ils vivent paisiblement sous l'influence civilisatrice de la France.

La France a aussi accepté le protectorat des petites îles *Wallis* ou *Foutouna*, situées dans la partie occidentale de la Polynésie, au nord-ouest des îles Samoa, par 12° de latitude sud et 177° de longitude ouest. Elle a encore admis celui des îles *Gambier* ou *Mangaréva*, placées dans le sud-est de l'archipel Pomotou, vers la partie orientale de la Polynésie, par 23° de latitude sud et 137° de longitude ouest, et dont les naturels, autrefois farouches, ont été convertis et admirablement adoucis dans leurs mœurs par des missionnaires français.

TABLEAU STATISTIQUE

de la superficie de la France et de sa population par départements au 1er janvier 1852, d'après le recensement officiel (Décret du 10 mai 1852)*.

DÉPARTEMENTS.	NOMBRE des arrondiss.	NOMBRE des cantons.	NOMBRE des communes.	SUPERFICIE par départements. Kilom. carrés.	SUPERFICIE par départements. Hectares.	POPULATION par départements au 1er janvier 1852. Hommes.	POPULATION par départements au 1er janvier 1852. Femmes.	TOTAL.	CHEFS-LIEUX des DÉPARTEMENTS.	POPULAT. OFFIC. des chefs-lieux au 1er janvier 1852.	LATIT. ET LONGIT. des chefs-lieux des départements.
Ain	5	35	446	5 926	592 600	188 546	184 393	372 939	Bourg	8 338	46° 12' 21" latit. 2° 53' 28" longit. E.
Aisne	5	37	837	7 285	728 500	275 926	283 063	558 989	Laon	7 916	49 33 54 1 17 19 E.
Allier	4	26	317	7 239	723 900	170 995	165 763	336 758	Moulins	14 181	46 33 59 0 59 46 E.
Alpes (Basses-)	5	30	255	6 826	682 600	78 580	73 490	152 070	Digne	[illegible]	....
Alpes (Hautes-)	3	24	189	5 530	553 [illegible]	68 461	63 877	132 038	Gap	[illegible] 446	44 33 30 3 44 8 E.
Ardèche	3	31	335	5 389	538 [illegible]	195 583	190 52[illegible]	385 [illegible]	Privas	3 [illegible]	44 40 1 2 15 37 E.
Ardennes	5	31	478	5 179	51[illegible]	166 988	164 72[illegible]	331 [illegible]	Mézières	[illegible]	[illegible] 48 [illegible] 23 46 E.
Ariége	3	20	337	4 548	45[illegible]	133 883	133 552	267 435	Foix	3 373	42 57 57 0 43 50 O.

[illegible]	5	42	[illegible]	6 [illegible]	[illegible]	[illegible]	[illegible]	[illegible]	[illegible]	[illegible]	[illegible]
Bouches-du-Rhône	3	[illegible]	[illegible]	5 [illegible]	512 [illegible]	[illegible]	[illegible]	[illegible]	[illegible]	[illegible]	[illegible]
Calvados	6	37	[illegible]	5 [illegible]	[illegible]	[illegible]	267 [illegible]	[illegible]	Caen	[illegible]	[illegible]
Cantal	4	23	[illegible]	5 828	[illegible]	[illegible]	[illegible]	253 329	Aurillac	8 [illegible]	[illegible] E.
Charente	5	29	434	6 033	[illegible]	[illegible]	[illegible]	382 912	Angoulême	15 392	[illegible] O.
Charente-Inférieure	6	38	420	6 546	654 600	237 450	222 542	460 992	La Rochelle	14 420	46 [illegible] [illegible] / [illegible] [illegible] [illegible] O.
Cher	3	29	281	7 208	720 800	156 046	150 245	306 261	Bourges	12 021	47 4 [illegible] / 0 2 43 E.
Corrèze	3	22	286	5 828	582 800	160 859	160 005	320 864	Tulle	7 633	45 16 [illegible] / 0 32 [illegible] O.
Corse	5	61	364	8 747	874 700	117 938	118 313	236 251	Ajaccio	10 270	41 55 [illegible] / 6 [illegible] [illegible]
Côte-d'Or	4	36	727	8 564	856 400	199 601	200 696	400 297	Dijon	27 732	47 19 19 / 2 41 54 E.
Côtes-du-Nord	5	48	378	6 720	672 000	303 602	329 011	632 613	Saint-Brieuc	10 167	48 31 [illegible] / 5 5 40 O.
Creuse	4	25	261	5 583	558 300	139 049	148 026	287 075	Guéret	3 633	46 10 19 / 0 28 40 O.
Dordogne	5	47	585	9 153	915 200	253 654	252 135	505 789	Périgueux	11 970	45 11 4 / 1 36 54 O.
Doubs	4	27	640	5 252	525 200	148 239	148 440	296 679	Besançon	29 233	47 13 46 / 3 41 56 E.
Drôme	4	28	362	6 535	653 500	165 830	161 016	326 846	Valence	11 127	44 56 5 / 2 33 18 E.
Eure	5	36	704	5 821	582 100	204 403	211 374	415 777	Évreux	13 941	49 1 30 / 1 11 [illegible] O.
Eure-et-Loir	4	24	429	5 483	548 300	144 651	150 241	294 892	Chartres	16 369	48 26 [illegible] / 0 50 59 O.

* Extrait du *Bulletin de la Société de Géographie*, août [illegible].

DÉPARTEMENTS.	NOMBRE des arrondiss.	NOMBRE des cantons.	NOMBRE des communes.	SUPERFICIE par départements. Kilom. carrés.	SUPERFICIE par départements. Hectares.	POPULATION par départements au 1er janvier 1852. Hommes.	POPULATION par départements au 1er janvier 1852. Femmes.	TOTAL.	CHEFS-LIEUX des DÉPARTEMENTS.	POPULAT. OFFIC. des chefs-lieux au 1er janvier 1852.	LATIT. ET LONGIT. des chefs-lieux des départements.
Finisterre........	5	43	283	6 667	666 700	312 931	304 779	617 710	Quimper.........	9 664	47° 58' 47" latit. 6° 26' 26" longit. O.
Gard.............	4	38	348	5 921	592100	207 744	200 419	408 163	Nîmes...........	47 395	43 50 36 2 0 46 E.
Garonne (Haute-)..	4	39	579	6 185	618 500	238 643	242 151	480 794	Toulouse.........	71 254	43 36 47 0 52 29 O.
Gers..............	5	29	467	6 263	626 300	155 294	152 185	307 479	Auch............	8 018	43 38 30 1 45 8 O.
Gironde...........	6	48	546	9 751	975 100	306 243	308 144	614 387	Bordeaux.........	122 621	44 50 19 2 54 56 O.
Hérault...........	4	38	330	6 243	624 300	195 666	193 620	389 286	Montpellier.......	37 611	43 36 44 1 32 34 E.
Ille-et-Vilaine.....	6	43	349	6 686	663 600	276 748	297 870	574 618	Rennes..........	29 882	48 6 55 4 0 40 O.
Indre.............	4	23	247	6 889	688 900	137 556	134 382	271 938	Châteauroux......	12 941	46 48 50 0 38 32 O.
Indre-et-Loire.....	3	24	281	6 117	611 700	155 098	160 543	315 641	Tours............	29 786	47 23 47 1 38 35 O.
Isère.............	4	45	551	8 290	829 000	300 917	302 580	603 497	Grenoble.........	24 964	45 11 12 3 23 [illegible] E.
Jura..............	4	32	584	4 969	496 900	155 756	157 543	313 299	Lons-le-Saunier...	8 450	46 40 28 3 33 11 E.
Landes...........	3	28	383	9 151	915 100	151 523	150 673	302 196	Mont-de-Marsan...	4 463	43 53 [illegible] 2 50 18 O.
Loir-et-Cher......	3	24	[illegible]	6 [illegible]	[illegible]	129 581	132 311	261 892	Blois............	13 136	47 35 21 1 0 [illegible] O.

[illegible]-Inférieure	5	45	[illegible]	6 817	681 70[illegible]	[illegible]	272 [illegible]	[illegible]	[illegible]	[illegible]	[illegible]
Loiret	4	34	[illegible]	6 [illegible]	667 70[illegible]	[illegible]	[illegible]	[illegible]	[illegible]	[illegible]	[illegible]
Lot	3	29	31[illegible]	5 2[illegible]	525 300	146 [illegible]	149 42[illegible]	296 224	Cahors	10 [illegible]	[illegible]
Lot-et-Garonne	4	35	31[illegible]	5 307	530 700	170 [illegible]	170 [illegible]	341 345	Agen	13 [illegible]	[illegible] O.
Lozère	3	24	19[illegible]	5 148	514 800	73 165	71 [illegible]	144 705	Mende	6 015	[illegible] E.
Maine-et-Loire	5	34	375	7 222	722 200	255 050	260 39[illegible]	515 452	Angers	37 719	47 [illegible] / 2 [illegible] 34 O.
Manche	6	48	643	5 938	593 800	288 293	312 589	600 882	Saint-Lô	8 941	49 6 50 / 3 25 56 O.
Marne	5	32	675	8 170	817 000	184 195	189 107	373 302	Châlons-sur-Marne	14 463	48 57 22 / 2 1 18 E.
Marne (Haute-)	3	28	550	6 250	625 000	132 822	135 576	268 398	Chaumont	5 793	48 6 [illegible] / 2 40 [illegible] E.
Mayenne	3	27	275	5 149	514 900	185 590	188 976	374 566	Laval	16 449	48 4 7 / 3 6 39 O.
Meurthe	5	29	714	6 089	608 900	220 812	229 611	450 423	Nancy	38 706	48 41 31 / 3 51 0 E.
Meuse	4	28	588	6 206	620 600	163 235	165 422	328 657	Bar-le-Duc	13 809	48 46 3 / 2 49 24 E.
Morbihan	4	37	234	6 996	699 600	231 640	246 532	478 172	Vannes	10 525	47 39 31 / 5 5 41 O.
Moselle	4	27	628	5 328	532 800	230 539	229 145	459 684	Metz	43 484	49 7 14 / 3 50 23 E.
Nièvre	4	25	316	6 811	681 100	166 906	160 255	327 161	Nevers	14 327	46 59 15 / 0 49 14 E.
Nord	7	60	662	5 679	567 900	581 654	576 631	1 158 285	Lille	68 463	50 38 44 / 0 43 37 E.
Oise	4	35	700	5 826	582 600	199 650	204 207	403 857	Beauvais	12 506	49 26 0 / 0 15 19 O.

DÉPARTEMENTS.	NOMBRE des arrondiss.	NOMBRE des cantons	NOMBRE des communes.	SUPERFICIE par départements. Kilom. carrés.	SUPERFICIE par départements. Hectares.	POPULATION par départements au 1er janvier 1852. Hommes.	POPULATION par départements au 1er janvier 1852. Femmes.	TOTAL.	CHEFS-LIEUX des DÉPARTEMENTS.	POPULAT. OFFIC. des chefs-lieux des départements.	LATIT. ET LONGIT. des chefs-lieux des départements.
Orne	4	36	511	6 105	610 500	211 616	228 268	439 884	Alençon	12 739	48° 25′ 49″ latit. 2° 14′ 52″ longit. O.
Pas-de-Calais	6	43	903	6 556	655 600	343 098	349 896	692 994	Arras	21 900	50 17 31 0 26 26 E.
Puy-de-Dôme	5	50	443	7 972	797 200	294 654	302 243	596 897	Clermont-Ferrand	25 933	45 46 46 0 44 57 E.
Pyrénées (Basses-)	5	40	560	7 495	749 500	215 432	231 565	446 997	Pau	14 541	43 17 44 2 42 48 O.
Pyrénées (Hautes-)	3	26	481	4 528	452 800	122 326	128 608	250 934	Tarbes	12 578	43 13 58 2 15 19 O.
Pyrénées-Orientales	3	17	228	4 116	411 600	92 686	89 269	181 955	Perpignan	17 612	42 41 55 0 33 55 E.
Rhin (Bas-)	4	33	543	4 648	464 800	285 390	302 044	587 434	Strasbourg	64 875	48 34 57 5 24 54 E.
Rhin (Haut-)	3	29	490	4 060	406 000	243 530	250 617	494 147	Colmar	16 464	48 4 41 5 1 20 E.
Rhône	2	26	259	2 791	279 100	289 026	285 719	574 745	Lyon	156 169	45 45 44 2 29 10 E.
Saône (Haute-)	3	28	583	5 309	530 900	169 454	178 015	347 469	Vesoul	5 868	47 37 26 3 49 6 E.
Saône-et-Loire	5	48	585	8 565	856 500	285 805	288 915	574 720	Mâcon	12 653	46 18 24 2 29 56 E.
Sarthe	4	33	391	6 216	621 600	229 381	243 690	473 071	Le Mans	22 779	48 [illegible] 2 [illegible] 19 O.
Seine	3	20	81	475	47 500	724 365	697 700	1 422 065	Paris	[illegible]06 067	48 50 13 0 0 0
Seine-et-Oise	[illegible]	[illegible]	[illegible]	[illegible]	[illegible]	[illegible]	[illegible]	[illegible]	Versailles	[illegible]	[illegible]

[illegible]ine-et-Oise......	6	36	684	5 603	560 300	[illegible] 411	236 571	471 [illegible]	[illegible]sailles........	[illegible]	[illegible]
Sèvres (Deux-)....	4	34	355	6 074	607 400	162 [illegible]	161 516	323 615	[illegible]...........	17 [illegible]	46 19 [illegible] 2 48 12 O.
Somme...........	5	41	832	6 143	614 300	279 685	290 956	570 641	Amiens..........	44 [illegible]	49 53 43 0 2 4 O.
Tarn	4	35	315	5 739	573 900	183 496	179 577	363 073	Alby............	9 898	43 55 44 0 11 43 O.
Tarn-et-Garonne...	3	24	192	3 669	366 900	117 260	120 293	237 553	Montauban.......	16 509	44 1 6 0 59 59 E.
Var..............	4	35	202	7 269	726 900	191 502	166 465	357 967	Draguignan......	6 974	43 32 24 4 7 47 E.
Vaucluse.........	4	22	149	3 474	347 400	134 152	130 466	264 618	Avignon	26 784	43 57 13 2 28 15 E.
Vendée...........	3	30	296	6 817	681 700	192 411	191 323	383 734	Napoléon-Vendée..	5 702	46 40 17 3 45 46 O.
Vienne...........	5	31	296	6 760	676 000	158 720	158 585	317 305	Poitiers..........	24 495	46 34 55 1 59 51 O.
Vienne (Haute-)....	4	27	199	5 543	554 300	161 215	158 164	319 379	Limoges	29 192	45 49 52 1 4 48 O.
Vosges	5	30	546	5 859	585 900	206 020	221 389	427 409	Epinal...........	9 507	48 10 24 4 6 32 E.
Yonne	5	37	482	7 287	728 700	190 953	190 180	381 133	Auxerre	12 084	47 47 54 1 14 10 E.
Totaux	353	2849	36 886	527 686	52 768 600	17 793 869	17 987 759	35 781 628			

TABLE DES MATIÈRES.

(Cette table est la reproduction textuelle du programme officiel, et offre la correspondance entre ce programme et les chapitres de l'ouvrage.)

Concordance des deux divisions :

Départements formés des anciennes provinces de
- 1° Bretagne, Normandie, Ile-de-France;
- 2° Champagne, Picardie, Artois, Flandre, Lorraine;
- 3° Poitou, Maine, Touraine, Anjou, Orléanais, Berry, Nivernais, Bourbonnais;
- 4° Limousin, Auvergne, Marche, Saintonge, Aunis, Angoumois;
- 5° Guienne, Gascogne, Béarn;
- 6° Comté de Foix, Roussillon, Languedoc;
- 7° Provence, Dauphiné, comtat Venaissin, Lyonnais, Corse;
- 8° Alsace, Franche-Comté, Bourgogne.

FIN DE LA TABLE DES MATIÈRES.

Ch. Lahure, imprimeur du Sénat et de la Cour de Cassation (ancienne maison Crapelet), rue de Vaugirard, 9.

www.ingramcontent.com/pod-product-compliance
Lightning Source LLC
LaVergne TN
LVHW011955220826
846092LV00001B/189

* 9 7 8 2 3 2 9 8 1 3 3 5 6 *